DER LETZTE ZAR

末代沙皇

罗曼诺夫王朝的覆灭

[匈]道洛什·久尔吉(Dalos Gyorgy) —— 著

何 剑 —— 译

湖南人民出版社

U0685623

米哈依尔·费多罗维奇·罗曼诺夫（1596 — 1645），俄国沙皇（1613 — 1645 在位），罗曼诺夫王朝的创始人

彼得一世（1672 — 1725），亦称彼得大帝，俄国罗曼诺夫王朝的第四代沙皇（1682 — 1725 在位）。被认为是俄国最伟大的政治家，其制定的西方化政策是使俄国变成一个列强国的主要因素

叶卡捷琳娜二世（1729 — 1796），原名索菲亚，俄国女皇（1762—1796 在位），她继续完成了彼得大帝开创的事业

亚历山大二世（1818 — 1881），俄国沙皇（1855 — 1881
在位），尼古拉一世长子。他的一项最重要改革是解放农奴

尼古拉二世·亚历山德罗维奇（1868 — 1918），俄国末代沙皇（1894 — 1917 在位）

19世纪，沙皇尼古拉二世与皇后

1896 年 5 月 25 日，俄国沙皇尼古拉二世加冕礼前夕，王室队伍的莫斯科入城式

1896 年 5 月，沙皇尼古拉二世举行加冕典礼后，随着典礼队伍走过克里姆林宫广场

20 世纪初，俄国末代沙皇尼古拉二世一家

　　1905 年，在沙皇尼古拉二世对日作战期间，俄国工人聚集在圣彼得堡的宫前广场上进行和平示威。军队向他们开火，有一百多人惨遭杀害。1905 年革命开始。沙皇根基动摇，许诺成立议会，制定宪法

1917 年，俄国沙什科－塞罗，退位不久的沙皇尼古拉二世，后面是监视他的士兵

1918 年，西伯利亚托博尔斯克，被囚禁的俄国末代沙皇及其子女

目 录

第一章
引言

罗曼诺夫王朝三百多年的统治，其间的历任沙皇以及王朝的最终灭亡已经在很多作品中被反复刻画——无论是古典历史巨著还是街头廉价的通俗读物。自从电影艺术产生以来，更是有数不胜数的无声及有声电影加入此列，从高雅的文艺片到拙劣的大制作，这些相关描述使其内容变得更加丰富多彩。直至今日，仍然有创作者在文学、艺术乃至手工艺品的想象里对此进行刻画，尤其是对王朝最后一任统治者——尼古拉二世以及他的妻子——黑森－达姆斯塔特公国女大公亚历山德拉（Alexandra）命运的描述。然而，这些作品却完全不涉及对其近亲与其部分忠仆的杀害。最终，这个统治家族65名成员里的18位被杀害，46名被迫流亡。我们仅仅了解其中的一位大公，他成功地逃离监狱并离开了这个国家：由于马克西姆·高尔基写给列宁的解救信，加夫里尔·康斯坦丁诺维奇被成功释放，同时还被允许享受世界知名作家的待遇，直至他远走芬兰。

　　那些沙皇夫妇以及他们的孩子于1918年7月16—17日的夜间在叶卡捷琳堡所经历的一切，直到今天仍在俄罗斯的历史回忆中充满争议。一方面，苏联的出版业试图为此进行解释，《血腥的尼古拉》一书将其描述成一个毒辣的形象并视其为一切罪恶之源，同时隐瞒及忌讳书写大屠杀中的其他重要情况。[①] 而另一方面，在那些流亡文学作品里却趋同性地断定，罗曼诺夫家族的悲惨结

----

① 第一本基于档案资料、流亡文学以及西方有关罗曼诺夫王朝末期的书，出版于20世纪70年代的苏联，即马克·卡斯温诺夫的著作《拾级而下的二十三级台阶》。这个标题不仅影射这些面临死亡之人从他们的房间前往他们被枪杀的地下室的短暂路程，而且也暗示了尼古拉二世在位的年数。然而，除了缺乏客观性以外，这一令公众印象深刻的历史叙述一再饱受一个从未得到证实的谎言的诟病：皇后亚历山德拉，特别是拉斯普京是德意志帝国的特工。

局正好反过来证明了其家族的圣洁品德。西方作者们更是努力对这位"君权神授"的俄罗斯最后一任统治者的生平进行一个公允的分析，但原始资料的匮乏使这一工作困难重重。尽管海军上将高尔察克在攻占叶卡捷琳堡后所任命的预审法官索科洛夫所出具的厚厚卷宗以及时代见证者的回忆可以弥补某些空缺，但是由于这些说法的片面性导致了很多关键性问题并没有得到解答，其中就包含诸如对布尔什维克总部决策机制的疑问。即使1991年苏联档案解密之后，这些问题也一如既往未能阐释清楚。

……罗曼诺夫夫妇作为实际上的反犹太者，甚至在叶卡捷琳堡时仍在《锡安长老会纪要》中寻获精神食粮，将犹太人与耶稣基督相提并论，就我而言这种观点是不可信的。在这种情况下应该如何定义"殉教者"？对我而言，成为"殉教者"意味着需要有比代表"君权神授"的统治更有说服力的说辞，遑论沙皇夫妇对在其统治覆灭的事情上并非完全没有责任。如果一定要被定义为"殉教者"，那么政治上的其他无辜者如宫女、厨师、御医以及其他人——这些自愿参与沙皇统治命运的人——也必须计算在内。如果作案者出于不同的原因没有阻止的话，那么家庭教师吉利亚尔或者吉布斯、帮厨洛尼加·雷德勒夫或者是宫廷女侍维鲁波娃也会成为他们所效忠对象的"殉教者"。无辜的牺牲者还包括了沙皇家族的5个孩子。所有叶卡捷琳堡的死难者都是牺牲者，而自从沙皇夫妇被捕以来，他们的死难甚至具备了双重意义：无须再作为公众人物出现以及不再接受任何法律审判并承担法律责任。

一个时代被埋葬，

没有挽歌在墓碑上回响，

荨麻与蓟草，

将会把这座山丘点妆。

暮光里的掘墓者，

工作得熟练而匆忙，

上帝啊，这静寂在增长，

人们可听见时间的流淌。

——安娜·阿赫玛托娃

　　沙俄帝国在维也纳会议期间，凭借击破拿破仑和成立"神圣同盟"达到了其霸权统治的顶峰。自 1789 年起，当时的"法兰西威胁"使所有"君权神授"的君主们陷入恐慌之中，波拿巴王朝任何一位统治者的复位都被严令禁止。而在 1815 年沙皇亚历山大一世则被视为对抗这一威胁的欧洲拯救者。尽管提议封建复辟"永久和平"的精神领袖是奥地利的外交大臣梅特涅侯爵，但俄国的军事力量才为这种历史倒退运动提供了必要的物质保证。当然，这也证明了神圣同盟的不稳定性。一方面是非基督教的奥斯曼帝国仍旧被排除在外，另外一方面也是因为大不列颠认为它无须维系在这个大陆联盟中。

　　除此以外，这个顽固的联盟既不能有效地阻挡资产阶级的发展，也不能阻止民族独立运动。1830 年爆发的革命颠覆了加入神圣同盟的法国波旁王朝，将路德维希的皇位授予了向法国宪法宣誓的"资产阶级国王"路易·菲利普。在 18 世纪 30 年代，比利时也踏上了寻求独立的道路。同时，在欧洲团结力量的支持下，希腊也开始反抗奥斯曼帝国的统治。俄国统治下的波兰也爆发了反抗圣彼得堡的起义，该起义最终被艰难镇压。在普鲁士充满了三月革命前期的思想，人们要求成立国民议会及实现民族统一。在匈牙利，原本代表皇室的议会转变为公开反抗哈布斯堡王朝。受启蒙运动影响的精英阶层要求进行法国式的改革，比如废除农奴制和集权统治。在法国的德国流亡工人们所发起的激进运动组织请求学识丰富的公民之子卡尔·马克思和弗里德里希·恩格斯为他们编写一部简单易读的纲领《社会革命》。这本以传奇名字《共产党宣言》命名的小册子在 1848 年 2 月由一个不知名的伦敦出版社出版发行。

通过外交途径以及秘密警察的信息渠道，沙皇尼古拉一世自然能够详尽了解这些源自西方的威胁。他明白，许多曾经在反拿破仑战争中被授予英雄称号的俄国官员被那种所谓的自由民主的"病毒"所感染。为了在俄国创立一个民主王朝，这些官员在 1825 年 12 月建立了一个以共济会为模板的小型组织，并进行了起义以阻止沙皇继位。这些参与起义的，在暴动后被称为"十二月党人"的贵族，他们中的部分人在起义失败后被处决，上百人惨遭流放——沙皇不遗余力地亲自对他们进行审讯。比沙皇的报复思想更重要的是由于他首次勇敢行动而产生的深深畏惧。[①] 因此，他甚至中断了他的父皇亚历山大一世所希望进行的改革，而

---

① 类似的严厉判决也波及彼得堡拉舍夫斯基小组中早期的社会主义者，其中就包括费奥多尔·陀思妥耶夫斯基，他直到最后一刻才被沙皇赦免，因此逃脱死刑。

此项改革涉及占农业人口 80% 的农奴的部分减负政策。在全国范围内，他通过秘密警察加强了监控及审查。在一些例外情况下，比如亚历山大·普希金，因其天赋给沙皇留下了深刻印象，所以在他被短暂流放到高加索地区后，沙皇亲自担任了他的第一任审讯员。①

　　与其他那些法国革命的持续影响力从未消退过的欧洲国家相比，俄国的沙皇王朝并不需要过多地巩固其国家、军事、教会三权一体的统治。在这个超过 99% 的人是文盲的帝国内，仅仅只有极少人能够达到知识分子阶层——此种现象在特权阶层中也同样普遍。所以尼古拉·果戈理于 1842 年出版的《死灵魂》仅以 2400 册的销量便成为最畅销小说。与之相反的是，作为国家生活活力因素的军事和民事官员队伍中却没有文盲。在军队内部充斥着饥饿、操练以及体罚，在民事领域则充斥着盲从以及不胜枚举的腐败。尤其是后者已经渗透到王朝的最高阶层，而沙皇对此也心知肚明。其中最为突出的是为 1837 年火灾损坏的冬宫所筹集修缮款的偷窃事件以及伤残者福利金整体"消失"事件。这两起事件的始作俑者均为沙皇的近臣，这也引发了沙皇如此感叹："甚至连十二月党人都没有给我做过如此事情！"

　　唯一值得他欣慰的仍然是笼罩在他身上作为革命前欧洲救星的国际光辉。在"人民的春天"运动期间，他仍然试图再次扮演这一角色：1849 年 5 月，当奥地利请求俄国的帮助以共同对抗匈

---

① 彻底或者说是迟钝的秘密警察工作，可以从以下事实中得以体现：针对俄国最伟大诗人的监控直到 1875 年才正式结束，而此时离他去世已达 38 年之久。

牙利革命时，沙皇派出了 20 万人的部队帮助哈布斯堡王朝。此次协助被他视为对镇压欧洲革命的贡献——同样也是相应地对不安分的波兰进行的提前警告。当然，尼古拉一世也坚信，哈布斯堡王朝也必将会对他感激涕零，而事实却证明他完全打错了算盘。

法国暴风骤雨式的革命浪潮通过政变将与波拿巴王朝同名的侄子送上了执政舞台。1852 年 12 月 2 日，在元老院的帮助下，他加冕成为拿破仑三世。尽管尼古拉一世并不反对在后革命时代的欧洲中部存在一位强大的反动君主，但他仍有自己的顾虑：承认一位波拿巴家族成员的国王地位是否就意味着违背了神圣同盟的基本原则。甚至连罗马数字“III”也困扰着他。这个数字间接意味着，“拿破仑”王朝的延续被接受了，尽管那位可怜而早逝的莱希施塔德公爵被要求却没有实际加冕为拿破仑二世，且他的声誉主要归结于埃德蒙·罗斯丹感伤的诗体历史剧《雏鹰》。因此，在外交官们的帮助下，沙皇就此问题与其他王国进行了磋商，奥地利及普鲁士也认同了这一观点，那就是新的法国皇帝绝不应当被视作神授皇权的统治者。相应地，尼古拉在致法国新首脑的贺电中，取代贵族圈内的常用称呼“我的兄弟”，改为称呼普通公民所用的“我的朋友”。然而，弗朗茨·约瑟夫以及弗里德里希·威廉并没有跟随他的做法——因为这个被维克多·雨果嘲笑讥讽为“小拿破仑”的法国皇帝报复心极其严重。

报复的动机隐藏在整个欧洲的一个误解中，即奥斯曼帝国处于灭亡中的设想。即使是小心谨慎的分析家也把这一苏丹王朝视为“博斯普鲁斯海峡岸边的病夫”。今天我们则知道，奥斯曼帝国至少比三个曾经存在的大陆帝国——俄罗斯帝国、德意志帝国以及奥匈帝国——在形式上多苟延残喘了几年，尽管当时它的状况并不令人羡慕，无论是国内的落后状态还是连带的在小亚细亚地区以外领土的减少都很明显地证明了这一点。

拿破仑战争动摇了君士坦丁堡与中东国家的联系，1848 年的自由思想唤醒了这些民族的国家意识，其中包括希腊、阿尔巴尼亚、罗马尼亚、斯洛文尼亚、克罗地亚、捷克、塞尔维亚以及保加利亚民族。尤其是南斯拉夫人在俄国看到了他们与生俱来的同盟者，而这又恰恰顺应了在沙俄帝国内蔓延的泛斯拉夫主义的潮流。因此，无须太多的鼓动，就能使达达尼尔人永恒的梦想以及重现圣索菲亚大教堂穹顶圣十字的梦想变得鲜活。当来自圣彼得堡的傲慢无礼的沙皇特使用巴尔干半岛战争作为威胁，试图强迫奥斯曼帝国成为其被保护国时，来自伦敦和巴黎的大使们则在没有知会沙皇及其特使的情况下承诺给予苏丹直接援助。因此沙皇俄国被诱惑进行了一场愚蠢的战争，在此次战争里俄国在其帝国史上首次被完全孤立，此次行动也断定成为一场军事以及政治上的灾难。最大的失望并非是战争对手的舰队出现在了达达尼尔并占领了塞瓦斯托波尔，而是来自那些自认为的盟友们。当普鲁士忙于从争端中脱身时，奥地利为了维护其在巴尔干半岛的利益，甚至威胁在俄国的边境进行战争动员。从一场发生在沙皇尼古拉以及他的波兰副将热乌斯基伯爵之间不可考但可信度极高的对话中，人们可以就沙皇对奥地利的失望管窥一斑。

尼古拉一世：就你而言谁是最愚蠢的波兰国王？

热乌斯基：究竟是谁？

尼古拉一世：最愚蠢的波兰国王是扬·索别斯基，因为他让维也纳从土耳其人手中解放出来。而俄国历史上最愚蠢的国王就是我，因为我帮助奥地利人镇压了匈牙利革命。

于是，这就导致了在下一任沙皇统治时期对俄国来说具有耻辱性的《巴黎和约》。尼古拉一世死于失败的战争末期，当我们强调他死于他破灭的梦想——主要是神圣同盟的崩溃时，那我们就离事实的真相不远了。他的儿子，亚历山大二世，作为皇位继承者也对他父亲的政策持批判态度。他深深地明白，隐藏在战败后面的是沙俄帝国本身无法解决的问题。没有严密的组织以及便于运输的战争装备，凭借单个士兵或者将军的英勇精神绝不能够赢得战争。这已经不再是当年打败拿破仑的那支俄国军队了。只有具备与时俱进的工业以及一个更有效而不是基于半奴隶劳作的农业体系，一个国家军事力量的改革才有可能顺利进行。即使必须发动战争，那么整个社会也应当了解为什么而战斗，并且，此社会中的公民至少要在地区性事务中在一定程度上有权可诉、有法可依。因此，沙皇下诏废除农奴制以及创立选举自治权（即地方自治组织）这一议会制的萌芽形式。这些归功于绰号为"解放者沙皇"的亚历山大二世的改革所引发的不可置信的社会变迁。上百万被解放的农奴涌入大城市并逐渐成为无产阶级。从长远眼光来看，这次现代化的改革提高了沙皇帝国的国际竞争力。

当然此处人们不该遗忘阿列克西·德·托克维尔的著名言论："经验告诉我们，对于一个腐朽政权而言，最危险的时刻往往是其开始变革之时。"对一个如同沙皇政权般腐朽的政权进行的变革是必要的，但具有势不可当的侵蚀性。对整个价值观体系突如其来的颠覆动摇了传统的权威，尤其在知识分子精英阶层中产生了一种幻想，即可通过个体行动加快前进的步伐，从而达到乌托邦式的理想目标。这种情况下的马克思主义也发生了相应的改变，马克思主义在西方价值观里原本是一种可选择的或具革命性或具改革性的学说，在俄国却变为一种有坚定目标的行动指导思想，一份给历史参与者的行动指南。1879 年成立的"民意党"，他们第一次历史性的重要行动就是在 1881 年 3 月 1 日对"解放者沙皇"亚历山大二世的野蛮谋杀，当时年仅 13 岁的大公尼古拉·亚历山德罗维奇经历了这个历史事件。

这场谋杀使亚历山大三世——亚历山大二世的直接继任者以及尼古拉的父亲——产生了如此的想法，即亚历山大二世的民主政治滋长了恐怖主义暴行，因而并不合适。他必须加强沙皇独裁、国家政权以及秘密警察的力量，乃至加重对知识分子的约束，才能得到彻底的安宁。然而，这些手段既不能够阻挡人民的进步，又不能够减少革命秘密组织所发动的暴动。直到亚历山大三世过世，他的儿子——26 岁的尼古拉二世继任，这个问题仍然无法得到解决。[①]

---

① 我根据俄国的习惯运用俄国的头衔以及名字。比如，沙皇不会称作"皇帝"，"尼古拉"也不会被写为"尼古拉斯"

第二章

加冕——一场落败的结业典礼

年轻的尼古拉沙皇从一开始就完全了解自己有限的能力，我们理应就此体谅他。彼时，他父亲亚历山大尸骨未寒。当他在克里米亚半岛上里瓦几亚宫的会客厅对他的妹夫——妹妹谢妮娅的丈夫并好友亚历山大·米哈伊洛维奇大公，目含泪光地询问："桑德罗，我应当如何应对？我、你、谢妮娅、阿丽克丝、母亲乃至俄国会变成什么样？我并没有准备好成为沙皇。我既不愿意成为沙皇，同时我也完全不了解政权的运作。我甚至不知道，应当如何和大臣们进行会谈。"

皇权重重地压在年仅 26 岁的沙皇尼古拉二世的身上。他登上了俄罗斯帝国的宝座。自 1613 年以来，罗曼诺夫王朝在其统治期间出现了差异巨大的沙皇：西化的改革者彼得一世，与伏尔泰关系密切的启蒙者女君主叶卡捷琳娜二世，然后是征服拿破仑的亚历山大一世，他通过神圣同盟参与制定了欧洲政策。最后是极端反动者尼古拉一世以及几位短命的过渡统治者，其中包括彼得二世以及保罗一世，他们被竞争者大公们剥夺权力并谋杀。除了这些历史人物，这位年轻的帝国统治者必须面对源于他生命的阴影：在被恐怖者炸弹所炸碎的尸身边，作为未成年人为祖父亚历山大二世守灵；以及严苛的父亲亚历山大三世，他让这位皇位继承人接受了为其量身定做的平民化以及军事教育，让他在大学毕业后进行环球旅行并安排他与昵称为阿丽克丝的年轻的德国黑森公主亚历山德拉结婚。

简而言之，1894 年 11 月，这位友善的年轻人搬进了冬宫。他之后的总理谢尔盖·维特伯爵将其称之为"涉世不深，但绝非愚蠢"，后者在回忆录中曾经两次提到过："我从来没有结识过一位如此这般受过良好教育而有教养的人。"然而，他也抨击了尼古拉的一些不足之处，轻信他人对他来说显得尤为严重。他的历史及政治老师波比多诺塞夫伯爵同样也强调了这一弱点。但同时他认为，此弱点与尼古拉年龄较浅及缺乏阅历息息相关。谁会在登基之前有成为"所有俄国人的沙皇"的经验呢？即便是伟大的叶卡捷琳娜女皇在最开始的时候也非常稚嫩，必须听取她那些著名宠臣的意见和建议。事实上，尼古拉的确非常想成为一位英明的统治者，他坚持不懈地工作，独立阅览所有送至他案头的文件，并在卷宗边上写满批注。在执政上，他以他的父亲以及他所奉行的保守主义为榜样。在尼古拉的第一次公开演讲上，他虽然高度紧张地念着演讲稿，但也毫不犹豫地警告地区自治者的代表们不要过于妄想改革。当然，这仅是一种说辞而并非事实上的政策。而更令人难堪的是，新沙皇在建设摩尔曼斯克军港的事情上——这属于他父亲亚历山大三世的狂热计划之一——必须先得到他众多叔父的同意。在与叔父之一，海军上将阿列克谢·亚历山德罗维奇大公会谈之后，他在同一天将这一想法撤回并通过诏书将拉脱维亚的利保指定为军港。而负责此项目的大臣则是从政府通报中才获知这一决定。在最开始的时候，人们对这样的洋相只是冷眼旁观。为了尽量弥补这一错误，他将这座港口以他父亲的名字命名。

在最初的一年半内，他并没有完全被视为一个真正的君主，因为他的加冕仪式尚未真正完成。根据沙俄帝国的政治传统，加冕只能够在旧都莫斯科完成，只有在这一典礼结束后，尼古拉二世才在真正意义上完成登基仪式。这当然也涉及一次双重加冕：沙皇以及皇后的加冕典礼。这场集宗教、军事以及世俗礼节为一体的庆典必须经过长期而周密的规划。1895年3月8日，为了这一目的，成立了一个三人组成的委员会，并任命尼古拉的叔父——谢尔盖·亚历山德罗维奇大公——为庆典总指挥，除了自身的爵位外他还身兼莫斯科总督，这一官职比莫斯科市长的职位更高。这三个责任人委托彼得堡的宫廷内务府以及下属的加冕委员会负责于1896年5月6—26日在莫斯科所举行的庆祝活动。

这种形式的庆典在过去的19世纪里接连不断。一方面，此类庆典可以使这些国家增加其国际关注度；同时，一些所谓的小恩小惠的施舍也在极大程度上取悦了本国民众。1887年正值维多利亚女王登基金禧之年（50周年），作为当时世界上最强大的帝国大不列颠的君主，50余位欧洲国王和王子公主应邀参加在威斯敏斯特大教堂举行的庆典晚宴。此次庆典也极大地鼓舞了聚集在特拉法尔加广场上的普通民众。两年后，巴黎世界博览会盛大开幕，其中埃菲尔铁塔以及爱迪生发明的电报震惊全世界。不过，蓝血贵族们并没有应邀与会，因为此次博览会是为了纪念法国大革命100周年而举行的，在此次革命中有许多贵族人头落地。与此同时，随着沙俄帝国沙皇夫妇的加冕，在欧洲，两场举世瞩目的庆典也随之而来，其主要目的是为了彰显自我：1896年匈牙利人举办了庆祝在多瑙河和蒂萨河一带定居的千禧庆典。除了由皇帝弗朗茨·约瑟夫所揭幕的庆典展以及从早春一直持续到深秋所举行的各式庆典活动外，首都布达佩斯也开通了欧洲大陆上的第一条地铁，迄今为止这条地铁仍被称作是"千禧之作"。甚至在一贫如洗的希腊，在顾拜旦的倡导下，1896 年在雅典举办了首届现代夏季奥林匹克运动会。希腊国王乔治一世宣布了运动会开幕，他既是尼古拉也是尼古拉妻子阿丽克丝的表兄。

沙皇宫廷更是选择了极具声望的宾客：暹罗、丹麦、日本、巴登符腾堡、黑山、巴伐利亚以及那不勒斯的王公与大公们。尤其显贵的则是来自大不列颠的爱丁堡公爵阿尔弗雷德以及奥地利王储弗朗茨·斐迪南。还有来自中国皇帝的特别代表李鸿章及其所率领的外交代表团。而来自帝国内部的代表则包括了印度拉贾斯坦邦的酋长、齐瓦的可汗、所有的高级神职人员、沙皇侍从、女官、所有的高级武官、政府官员以及贵族阶层，甚至还有一个由农夫所组成的代表团也位列于嘉宾名单上。近两百名沙俄及外国记者报道了这一盛会的极其详尽过程，为此还专门成立了一个媒体俱乐部。总的来说，正如今天人们所言，这是一场世界一流的媒体盛宴。

庆典活动的主要步骤是这样安排的：由尼古拉，妻子阿丽克丝以及沙皇寡母玛丽亚·费奥多罗芙娜所组成的沙皇一家于 5 月 9 日入住莫斯科克里姆林宫。5 月 14 日上午，在圣母升天大教堂①进行"神圣的加冕"仪式，晚上 9 点由新加冕的皇后庄严打开庆典电灯照亮克里姆林宫，而在此之前只能被蜡烛和煤油灯所照亮，这是一种宗教上的庄严宣誓。根据俄国皇室的传统，5 月 18 日在莫斯科郊区的霍登场举行了一项大型的加冕游园活动，在同一天晚上则是

---

① 又名乌斯宾斯基大教堂，位于克里姆林宫内。——译者注

由法国大使蒙特贝罗为向年轻的统治者夫妇致敬而举办的大型华美舞会。此外，那些天举办了各式各样的招待会、宴会、祈祷会、阅兵式以及升旗仪式，而这一切都伴随着焰火、礼炮和钟鸣助兴。当然也少不了珍馐佳肴。庆典宴会为数众多，在某次宴会中由著名艺术家亚历山大·贝诺特所绘的水彩画菜单上，人们可以见到如下菜品：甲鱼汤配俄式大包，蟹汁咸鱼，牛排配蔬菜，山鹑配鹅肝以及由珍珠鸡、花椰菜与豌豆荚所制的沙拉。除了各式水果以外，还提供菠萝、不同种类的蛋糕以及冰激凌等甜品。宫廷管弦乐团演奏了彼得·柴可夫斯基的歌剧《叶甫盖尼·奥涅金》中的舞曲以及节选自亚历山大·鲍罗丁歌剧《伊戈尔王子》里的《波罗维茨舞曲》。[①]

而加冕大典则选用了过世已久的作曲家米哈伊尔·格林卡的歌剧《为沙皇献身》[②]，这当然是有意为之。因为这涉及 17 世纪初的一段历史，当时波兰－立陶宛联邦军在考斯特罗姆纽附近围攻俄罗斯帝国第一任沙皇米哈伊尔。士兵们要求伊凡·苏萨宁，一个俄罗斯农民，帮助他们探听消息。他表面上同意了，实际上却马上通知了统治者，在迫在眉睫的危险来临之时将敌人引入迷雾重重的暗黑森林之中。在那里，他承认了自己的诱骗行为并惨遭残暴的杀害，而沙皇却从必死的危难中得到拯救。歌剧的最后一幕大合唱名为《拯救》，这一幕后来甚至加入国歌。所以在 5 月 17 日星期五晚上于莫斯科波修瓦剧院举行的隆重晚会上，格

---

① 又名《鞑靼人之舞》。——译者注

② 格林卡的歌剧原名为《伊凡·苏萨宁》，应沙皇尼古拉一世的要求，更名为《为沙皇献身》。它在苏联时期恢复原名，但在普京时期的俄罗斯，被重新称为《为沙皇献身》。

林卡的歌剧被作为组曲演奏，同时还有一幕芭蕾舞剧。此种兴奋之情表现得一浪接一浪，无穷无尽。所有的人都从座位上站起来，望向装饰有哥白林染织厂所制的双面挂毯的皇帝包厢，大声呼喊"万岁""拯救""为沙皇献身"，同时也要求再次演奏沙俄帝国的国歌《天佑沙皇》，这样的庆祝令人神魂颠倒。这是尼古拉作为帝国统治者第一次感受到纯粹的幸福，考虑到之后命运的转折，这也应该是他人生中的最后一次。

在那个星期五晚上的 7 点钟，波修瓦剧院的幕布被拉开以等候众所期待的沙皇夫妇入场的 19 个小时前，就有成千上万的人聚集在霍登场，而且人数每分每秒都在递增。霍登场位于市区和当时莫斯科卫戍部队的校场之间，之后被拆除作为第一届俄国工业展的场地，那里有一百个左右依次排开的货亭，用于向沙皇的臣民发放加冕纪念品。礼品主要是一个纸袋，里面有一个花布包以及一个印有沙皇夫妇字母图案的搪瓷杯，还有坚果、杏仁、一袋印有"加冕 1896"字样的黑麦粗面包、一节香肠以及一本彩色小册子，内容介绍了这次加冕的意义。这些东西本应该让民众倍感幸福。礼物的分发原定在第二天上午的早上 10 时进行。原定计划是民众们拿到他们礼品袋后穿过货亭来到宽阔的草地上，在那里等候下午两点的加冕游园活动。然后，沙皇和皇后现身于为这次活动所搭建的彼特洛夫斯卡娅观礼台并在此发表简短的演说，之后由宫廷乐队演奏作曲家瓦西里·萨诺夫的一曲康塔塔。接下来，参与的群众会得到免费派赠的面包和蜂蜜啤酒，并在为本次活动所搭建的舞台前欣赏木偶剧、魔术、杂耍表演、猜谜、抽奖以及音乐演奏。

一开始，为了防止哄抢，货亭配备了250名警卫；草地上的啤酒桶则由200名哥萨克人看守，除此以外还有100名消防员蓄势待发。"天然"屏障则是在市区和货亭之间一个500米长、数米宽、凹凸不平且临时用沙子填平的沟壑，在沟壑最深的数处甚至有人的身高那么深。人们只能通过几处狭窄的木桥跨越这些沟壑。如果想更快速到达的话，则需跳进那些古老的战壕然后从另一侧攀爬出来，从那里只需二十或者三十步就能到达派送的礼品旁，然后进入草地。因此，那些预先到达的人就占据了观礼台和沟壑之间的前场，这里当然也是这个当年的校场非常不安全的地带。根据它的原始用途，那里充满了沙眼、枪眼、不同的掩体以及临时填埋的窟窿，下面甚至有一处被木板盖住的深泉。转瞬之间，成千上万往后退的民众填满了沟壑——后面还有无数人往里冲——以至于更晚的时候，人们已经再无机会靠近游艺场。所以，在最开始的时候一切风平浪静，然后开始人声鼎沸。来自莫斯科以及近郊的居民、农民以及工人们——后者已向工厂主告假——自带干粮和酒水到达此处，点燃小小的火炬并唱着欢快的歌曲。

凌晨，人潮开始涌动，他们陷入了一个怪圈，无论男女老少，不管谁占了任何一个位置，他就既不能前进也不能后退，更别提离开这个地方。德国记者弗里德里希·舒茨写给维也纳《新自由新闻报》的报道描述了这一场景："数千人滚成了一个巨大的人球——人挤人所发出的热气如同从一个加热的俄式萨马瓦尔茶炊里袅袅升起的蒸汽。汗臭味简直让人无法忍受，然而还必须煎熬好几个钟头。"即使再头晕目眩也无法陷入昏迷——必须毫无知觉地站立着。人们甚至不能将因为心脏病突发抑或是窒息而亡的死者从巨大的人群中拖出。只有一些小孩被举过头顶越过人群，才能够成功到达空旷之处。

　　接近早上 6 点的时候，流言蜚语开始散播，据称一些有关系的人已经拿到了礼物。因为排在后面的人害怕这些华丽的礼品袋在他们到达货亭前已经派发完毕，所以大家开始歇斯底里地往沟壑方向乱挤。而那些本已经在沟壑里的人，因为对面没有足够的位置，所以也无法攀爬出去。警卫们在人群陷入恐慌时开始把礼物成堆投掷，这让人群更加拥挤不堪。突然之间，毫无征兆地传来了剧烈的爆炸声，使这一状况雪上加霜——仅仅是上面覆盖木板的深泉就夺去 28 个人的性命，他们是从上面跌落下去的。在短短的半个小时之内，就有超过 1300 人丧生以及大约 400 人重伤，部分人有生命危险。

　　这个时候，莫斯科警察才到达并开始维护秩序，而留给他们的可怜任务则是：将死者从活人身边分离——他们将大部分遇难者的尸体运至附近的瓦甘伊科沃坟场就地掩埋。所有的这些都必须尽快解决：一方面为了防止瘟疫发生，而另外一方面则是为了避免灾难谣言的流传。这样，下午的时候，沙皇夫妇就能安然无恙地接见民众了。伤者被送到医院，猝不及防的医院差点被众多的病人挤破。莫斯科城还在沉睡之中。当这座城市苏醒时，居民们首先见到的仅仅是那些满怀喜悦的幸运儿，他们毫发无损地拿着他们的礼品袋在大街上漫步。然而，约莫中午时分，人们就能够看见用床单、地毯以及布块所盖住的马车，马车上面人的肢体在微微摇晃——那就是临时的运尸车。

尼古拉二世大约是在上午 10 点半的时候获知了这个坏消息。"谢天谢地，直到现在一切进展顺利"，他在他一生相随的日记本中认真地写道："但是今天发生了一场深重的罪孽……难以言喻：大概有 1300 人被践踏致死……为了出席这场不幸的'民间游艺活动'，我们大约在 12∶30 进午餐，然后阿丽克丝和我坐车去了霍登场。"这则日记对此次事件的遣词尤为让人深思：沙皇没有用灾难或者是严重的事故这些词，而是用了罪孽这个词。这就意味着，当他在当日得知有人大规模死亡这一消息时，他还把它当作可以用道德进行衡量的现象。显而易见，他在此时此刻面临另外一个更加具体的问题：他应该在此种极端状况下采取什么样的态度，它将如同一道出其不意的光芒照射在他身上？这种态度会将加冕盛典变为一场葬礼使这些所有的不吉祥都吹散？[①] 或者好像与政治无关联，他去死亡者的"死亡地"感同身受地体验一下以表达自己的悲痛。这是个自发的，看上去几乎是顺理成章的决定，在护卫队的护送下按计划前往霍登场说明了沙皇内心趋向第二种解决办法或者是相信必须如此解决。

官员们在数小时内平定了动乱。在皇室成员及政府官员抵达的时刻，人们已经不再能回忆起清晨所发生的恐怖事件。尼古拉的记录对此进行了补充："一切顺利没有什么特别的。我们从阳台上望去，人山人海，他们围绕着观礼台，在那上面乐队一直重

---

① 这种困境并非新鲜事物：在 1889 年传统的冬季舞会开幕前不久，奥地利王储鲁道夫自杀的消息传到了圣彼得堡。尼古拉二世的母亲特蕾莎·玛丽亚·费奥多罗芙娜随即宣布了计划中的"黑色舞会"，即所有来宾都穿着黑色晚礼服跳舞（伊丽莎白·赫瑞斯：《尼古拉二世》，1992 年，第 20 页）。

复演奏着帝国国歌以及‘救赎’。”因为这个噩耗而忧心忡忡的桑德罗的妻子谢妮娅女大公，当她站在观礼台望下去时，也被这一幕粉饰太平的“波将金村”①所打动："在观礼台的下面巨大的人群在移动，管弦乐队和唱诗班在反复吟唱国歌以及‘救赎’……‘万岁’的呼声是如此的令人屏息。"尽管如此，女大公也感受到了这些庆祝活动里的另一种截然不同的气氛："这是如此的难堪且令人沮丧。我们在那的时候，看到尸体不停地被运出去。"康斯坦丁·康斯坦丁诺维奇大公，这位曾用笔名 K.R. 书写抒情诗以及将莎士比亚的《哈姆雷特》翻译成俄语的文人，同样也证明了这件事情："当沙皇陛下现身观礼台时，巨大的欢呼声震耳欲聋。这真是一个盛大而又令人震撼的时刻。"

当然，康斯坦丁诺维奇大公也了解事实的真相："在出席盛典的同时了解到，在最开始的时候发生了这样不幸的事情，真是太恐怖了。"尽管如此，庆典还是按照预先确定的程序进行。随后举行了一场宴会招待各地区最年长的老人。阿丽克丝并没有参与交谈，主要是因为对俄语知之甚少以及必须忍受沙皇寡母玛丽亚·费奥多罗芙娜无所不在的压力，她几乎无法掩盖自己的绝望，一直在无声地哭泣并用餐巾抹去眼泪。

当天下午晚些时候，当根据父亲的名字被称为“亚历山德罗维奇”的沙皇的三位年长的伯父带着四位名为“米哈伊诺维奇”

---

①“波将金村”一般用来嘲讽以富丽堂皇粉饰太平的弄虚作假情景。——译者注

的年轻的伯父加入讨论时，家庭的团结就此破裂。① 因为此次死亡事件而是否要取消法国使馆举办的舞会或者至少沙皇夫妇不参与舞会，家庭委员会就此进行了激烈的讨论。这个问题具备最高级别的外交意义。为了在莫斯科的宫殿里庄重庆祝沙皇夫妇的加冕，法国大使古斯塔夫·德·蒙特贝罗从国家金库以及他富有妻子的钱包里拿走了一大笔钱用于这次开销。这不单单是一场重要的政府行为——这更关乎于新欧洲局势的稳定。

随着俾斯麦的下台，年轻的皇帝威廉二世觉得不必再维系铁血宰相谨慎小心的策略，这一策略的目标是，决不让德意志帝国冲在战争的最前线。1881 年，德国、俄国以及奥匈帝国就此所签订的《三皇同盟》以及 1887 年柏林和圣彼得堡之间签订的《再保险条约》被这位傲慢的霍恩佐伦继承人当作了废纸处理——尽管俄国坚持——他也不再同意续签。接下来，亚历山大三世于 1892 年与法兰西共和国签订了军事协议，并在他过世前不久的 1894 年又签订了结盟和约。尽管所有的这一切都是在"秘密外交"的协议下进行的，但是那些好奇的记者们早已知道事态发展的方向。

法国大使蒙特贝罗对此则知之甚多：巴黎政府正期待着沙皇夫妇于 1896 年秋天的来访，此次来访应当宣布当年签订的秘密官方结盟合约合法，同时把法国从自 1871 年普法战争以来旷日持久的孤立地位以及褪色的"荣耀"中解救出来。相反，因为专

---

① 所谓的"亚历山德罗维奇"兄弟指的是沙皇亚历山大二世的所有儿子以及沙皇亚历山大三世的亲生兄弟，而所谓的"米哈伊诺维奇"兄弟则指的是米哈伊尔大公的所有儿子以及尼古拉一世的孙子，亦即末代沙皇的堂叔或堂伯。

制统治而声名狼藉的沙皇帝国却为能和一个西欧民主国家建立一种平等的合作关系而洋洋自得。这些并非预言家而更是他们民众命运装扮者的外交官们殊不知，一方面，用此种方式迈出了协约创立的第一步，另外一方面却也导致了协约国的成立，并最终引发了第一次世界大战。无论如何，蒙特贝罗为受邀与会的 7000 名宾客在宫殿和花园里准备了成千上万朵玫瑰、数不胜数的银质餐具、延伸至宴会厅屋顶的棕榈树、无数的香槟以及堆积成山的美味佳肴，而且绝非仅有来自法国的鹅肝。舞会应当是在 5 月 18 日礼拜六晚上的 10 点钟开始的。开场舞，即四对舞舞曲，属于尼古拉和阿丽克丝以及蒙特贝罗夫妇。这也是沙皇夫妇远离他们 1895 年 11 月所生的第一个孩子奥尔加而参加的第一场舞会。

现在，家庭争论爆发了。这场争论表面上是关于夜晚的安排。我们从亚历山大·米哈伊洛维奇的回忆录《桑德罗一家》中了解到，尼古拉·米哈伊洛维奇大公主张取消所有的庆祝活动。他提到了笼罩在法国贵族头上的阴影：当时，他们在凡尔赛宫的花园里跳舞，并没有意识到革命的暴风骤雨正在临近，那是在 1770 年，法国国王路易十六与奥地利公主玛丽亚·安托瓦内特大婚期间在巴黎所发生的骚动。

"不要忘记这一点，尼基"，他转向沙皇说道，"这些男女老少们所流的鲜血将永远会是你统治生涯的一个污点。你已经不能唤回死者的性命，但是，你至少可以向这些人的家属展现你的感同身受。而政府里的反对派也绝不可能再挑剔说，在被谋杀的臣民们被运往带血的坟地时，年轻的沙皇却在跳舞。"另一位叔父，阿列克谢·亚历山德罗维奇大公却反过来鼓动这位年轻的统治者："难道你看不见吗，尼基，这些米哈伊洛维奇只想使自己受到这些极端者的欢迎？他们明显地利用这些革命党派并且尝试使莫斯科的总督府成为他们的一部分。"而且，他将这四位米哈伊洛维奇兄弟讽刺地称为"钦定的革命党人罗伯斯庇尔"。

两派的激烈争论却并不仅限于蒙特贝罗的舞会邀约。米哈伊洛维奇们追究谢尔盖·亚历山德罗维奇大公对此次事件的责任，并要求立马解除其莫斯科总督的职务。谢尔盖对此反应强烈，并以辞职相挟使沙皇不得不拒绝此次提议。最后，考虑到外交礼仪，所有的人一致同意参加舞会——但仅限于一个小时的出席时间。开场舞后，尼古拉和大使的妻子共舞，陷入惊恐而脸色苍白的阿丽克丝则机械地随着蒙特贝罗的脚步而移动——他们仅仅因此而出席这场晚宴并于凌晨两点离开了宫殿。谢尔盖·亚历山德罗维奇的反对者的大公们则不顾一切在舞会刚开场的时候就道别离去，尽管这一行为很粗鲁地违背外交礼节。法国参谋长布瓦代弗尔将军则拒绝参加清晨的猎鸽活动，因为他担心，这些计划中被击落的鸟儿有可能是被尸体的气味所引诱而来。

毫无疑问，谢尔盖·亚历山德罗维奇大公需要为这次大众死亡事件担负起政治责任。即使没有沙皇的直接诏令，他也应当在举行集会的地点预先进行考察同时确保其安全，并且至少应该在其所管辖的莫斯科警察的协助下，对这一区域的人潮进行管控。从道德上来说，这也应当是他的责任，不应该在下午 2 点的时候，护送沙皇一家出现在几乎已经被清理干净的霍登场，而是应在 9

点过后不久，当第一份报道送交到他手上的时候，就尽快前往事发现场。取而代之的是，正如我们在不是姓"米哈伊洛维奇"的康斯坦丁大公的日记本上所读到的那样，他与宫殿前院的与来自普雷奥布拉琴斯基军团的保镖合影，并准备参加由他自己策划的在周日晚上举行的加冕舞会。

实际情况更为复杂。尽管有超过 2000 人因为这一过失而丧失生命或者严重受伤———一个不容反驳的事实———这一责任也被强加在几位负责人和机构上。加冕庆典主要由圣彼得堡的以沃龙佐夫 – 达施考伯爵为首的宫廷内务府负责，他们主管的莫斯科加冕委员会由俄籍德国人尼古拉·冯·德·比尔领导。从莫斯科方面来说，官阶较高但是实权相对较小的莫斯科市市长谢尔盖·鲁卡维什尼科夫以及在这一体系中更低一级的警察总长亚历山大·弗拉索夫斯基上校也参加了庆典的准备工作。两者之间的关系正如一句俄罗斯谚语所描述的一样：Ja natschalnik, ty durak———ty natschalnik, ja durak.（如果你是老板，那就是我笨；如果我是老板，那就是你笨）。沙皇一家的安保及其陪同工作由来自圣彼得堡的护卫和士兵负责，而谢尔盖·亚历山德罗维奇大公则由他的副官弗拉基米尔·德永科夫斯基及其下属保卫。所有的这些安保人员都无可指责地完成了他们的任务。在沙皇正式入驻莫斯科前，下属们甚至沿着既定的路线视察了旁边的房舍，里面的居民在那一天里甚至不被允许接待访客。

警察的管制措施甚至包括了游园庆典。因为礼物的发放预计从早晨 10 点开始，所以警察总长弗拉索夫斯基派遣的维持秩序人员应当在 9 点钟出现在现场，以便引导人潮跨过沟渠来到草地上。但是那些官员们却出现了两起严重的疏忽乃至失职行为。第一起是计算和预计错误。当莫斯科市市长鲁卡维什尼科夫问加冕委员会主席冯·德·比尔预计到场人数时，他的回答是："天气坏的话预计为 10 万人，反之则会达到 100 万。"然而，礼物袋的数量（40 万份）则预示着还存在另外的可能。除此以外，加冕委员会主席和莫斯科市市长之间也存在一定的争执，所以冯·德·比尔并没有邀请他的这位同事登上霍登场的观礼台。从这个时刻开始，鲁卡维什尼科夫不再觉得自己必须对庆典事事关心。另外一起导致这起灾难性事故的失误为警察的时间安排。没有一人预计到，出自对礼物的期盼，会有如此多的市民会在庆典前一天的晚上就开始聚集在霍登场内。最晚到午夜的时候，骚乱的前兆已经显现无疑。总督谢尔盖·亚历山德罗维奇大公也感觉受到了冒犯，主要是因为——正如他的副官德永科夫斯基所告知的一样——这场民众庆典的管理工作已经由宫廷内务府接手，尽管这些来自圣彼得堡的宫廷代表对莫斯科当地的情况以及民众一无所知。警察总长弗拉索夫斯基不再处于最高级别且被来自圣彼得堡的贵族们所忽视。因此他无所事事地陪伴在沙皇周围而并没有出现在惨案发生的现场，而且用如此的话语为自己道歉："我不能无处不在。"他与霍登场的负责人只进行了电话联系。

之后，冯·德·比尔也试图推卸责任："我们的委员会作为一个总负责机构与庆典并无直接关系。安保工作也并非在委员会职权范围之内。"尽管如此，他也是作为最高级别的官员，在庆典的前一天晚上出现在了事发现场："我预见到了灾难的来临，不止一次乃至十次二十次地与警察通了电话。"他原本的职责在于，早晨 10 点通过挥帽宣告赠礼的开始。然而，因为这种歇斯底里的气氛以及朝着货亭蜂拥而来的人群，他开始变得焦虑不安。"看这里，"他听到了呼唤声，"你不仅仅是皇帝的臣民，也是上帝的仆从。请帮助我们，开始允许发放礼物吧！" 于是，早晨 6 点刚过他就挥帽示意了。"如果在这样的情况下发生动乱的话，就会是我的责任了"，他在调查时如此陈述。加冕仪式过后，他放弃了所有的职位并且郁郁寡欢至死。

警察总长弗拉索夫斯基试图在当天的新闻发布会上对这一悲剧作出合理的解释："这是一场令我们震惊的灾难。最有可能的是，多年来，在加冕庆典上分发礼物已经成为一种固定的习俗，然而随着现代社会的发展，这种习俗却深深陷入矛盾冲突之中。在上上次的加冕庆典中，莫斯科并没有遭遇到如此大的困境。"因为，当沙皇亚历山大二世于 1856 年加冕时，莫斯科还仅仅只是一个相对较小的城市，而现在，这座城市的居民数已经突破百万。这个理由听起来似乎很合理，但是却忽略了人为失误所造成的混乱和迟钝。为什么组织者们不能够统一且一致行动呢？

涉及公共事务也是如此。政府发布的报告仅仅记载了来自宫廷的简短信息及惯常的宫廷通报内容。与此相反，详尽且谨慎的目击者报告由记者弗拉基米尔·吉亚罗夫斯基发表在自由派报纸《俄国新闻报》上。即使是外国记者也无法获取所有的信息。针对法国记者所提出的问题，在这样令人悲伤的情况下是否还应当参加蒙特贝罗大使所举办的舞会，政府发言人的答复也是含糊不清。德国记者弗里德里希·舒茨试图解释信息匮乏的原因："俄国地域辽阔：人们并不总习惯于在一场不幸之后将整个事实全盘托出。[1]大家害怕，轻易取消某项活动（例如取消参加舞会的计划）有可能传递给帝国偏远地区错误的信息，使得整场灾难雪上加霜。"

　　而对与会贵宾的安抚也必不可缺。中国皇帝的特使给俄国的财政大臣即日后的总理维特介绍了他的总督任期。在他任职期间，绝不会因为类似于鼠疫而导致数千人死亡的小事而上报朝廷，令皇帝惶惶不安或者使其忧虑。爱丁堡公爵的话也抚慰了弗拉基米尔·亚历山德罗维奇大公：维多利亚女皇登基50周年庆典上发生踩踏事件而导致2500人伤亡的事情也并没有影响任何人。与此相反，弗拉索夫斯基援引了1856年亚历山大二世加冕庆典，"庆典上甚至烤牛并且大量地撒钱"，他同时强调有5000人丧失了性命——史学上对此事并没有证明。即使是1883年亚历山大三世的登基庆典也不是没有伤亡[2]。本就不该如此尖酸刻薄地去审讯一个警察，而他出于职业的原因在这样一个大型的民众集会上不得不在现场一直待到深夜。

　　而新沙皇尼古拉也绝非是一个玩世不恭之人。在1500名受难者经家属确认登记后葬于瓦甘科沃坟场，以及数百名重伤者在

---

① 相似之处显而易见：在改革时代的1986年，米哈伊尔·戈尔巴乔夫面对切尔诺贝利核事故无法作出取消五一劳动节庆祝活动的决定。在面对2000年核潜艇"库尔斯克"号的事故时，弗拉基米尔·普京也就他是否应该因为这次不幸事件而取消假期之事感到为难。

② 此事件可能与1883年6月在维多利亚大厅发生的大规模踩踏事件混淆了，当时有183名儿童在儿童剧院表演之后被踩死。

医院接受治疗期间，他也在积极考虑为遇难者家属及幸存者进行赔偿。首先，他私人给受到波及的每户家庭提供一次性 1000 卢布的补偿及终生退休金，事实上，这笔钱也的确直至他于 1917 年早春被迫退位前每月都按时发放。其次，他与他的家人参加了哀悼会，哀悼会是由喀琅施塔得的约翰内斯主教主祭，他同时也是主持亚历山大三世临终弥撒的神父。此外，还有一次有记录在案的短暂的医院探望。此次探望中，皇后还用她不太流利的俄语向病人们道了一些安慰之语。根据官方媒体的报道，病人们因此而备受鼓舞，同样让他们激动的是马德拉酒，这是沙皇寡母从克里姆林宫的库存中拿出来赠予每位受伤者的。

无须对这一慷慨大方的举动进行贬低，却仍可以断定的是年轻的沙皇是出于一种责任意识来处理一切事务，同时他也坚信，能以崇高的姿态给自己换取举办欢迎会、晚宴以及狩猎的权利。他做这些肯定不是出自追求享受，而是因为他考虑到自己的地位以及随之而来的所承担的庄严的责任。当然，如果可行的话，他更愿意将失败的加冕行为抛掷脑后并彻底忘却。但是，最困难的事情还存在于眼前：必须成立一个调查委员会以彻底查清事故的起因；委员会的任务也包括惩罚那些违法行为。为了这个目的而成立的特别委员会由前司法大臣康斯坦丁·冯·德·帕伦伯爵负责监管。这个选择并不是特别合适，因为帕伦伯爵同时承担了庆典最高典礼官的职责。但是，激怒这三位"亚历山德罗维奇大公"的却并非此次灾难，而是谢尔盖·亚历山德罗维奇的名字可能出现在法律文件中，或者他们本人有可能作为证人被传唤。一位帝国的大公出现在民事法庭里——这对于皇室成员来说简直无法想象。

从灾难发生的瞬间开始，沙皇尼古拉就陷入了家族两大阵营的纷争中。对他而言，莫斯科总督谢尔盖·亚历山德罗维奇是从他出生开始就陪伴在左右，既热爱又憎恨的叔叔。而另一方面，是每天围绕在他身边的竹马之友，年轻而又充满活力的"桑德罗"米哈伊诺维奇。在他面前，尼古拉不再是半个世界的统治者，而是能够表现出原本的自己：不成熟且绝不是生而为罗曼诺夫王朝的继承者。有着良好的教养，正期待得到第二个孩子，如果足够幸运的话，这次有可能是一位男性继承者，他在将来能够避免类似的考验。最开始他为了和平愿意对亚历山德罗维奇让步。1896年6月，经过长时间调查后他颁布诏书，宣称他决定放弃法律途径而"借助于专制君主的权力"做出决断。莫斯科警察总长弗拉索夫斯基对此事负责，责令退休，退休金为每月3000卢布，并向外界宣告。

5月26日，官方的加冕庆祝活动结束后，沙皇夫妇带着他们年幼的女儿坐火车去叔叔谢尔盖·亚历山德罗维奇的领地，在布雷斯特附近的伊林斯科耶。沙皇尼古拉在他的日记中记载："能够来到这个美丽而安静的地方，这种欢乐是多么令人难以描述啊！而且主要是因为，所有的这一切的庆祝和庆典活动都已经全部结束了！"谢尔盖也非常满意，因为他的侄子带来了一份礼物：除了莫斯科总督的职位外，现在他被任命为莫斯科卫戍区司令。

而民众对谢尔盖·亚历山德罗维奇·罗曼诺夫充满了仇恨，

他们称呼他为"霍登公爵"。这个充满死亡意味的蔑称伴随他直至生命的最后一天：1905年早春，恐怖分子伊凡·卡尔贾耶夫将他马车上安装的定时炸弹引爆，谢尔盖的躯体支离破碎。沙皇尼古拉对这场伴随他加冕且充满凶兆的灾难永生难忘。最后，这也成为他作为君主而未能通过的结业考。作为一个宗教信仰者，经历了种种不幸后他认定，所有的一切都握在上帝的手中。随着时间的推移，这种宿命感在他身上转变成一种预示，且不断在他身上变为现实。

第三章
对日之战

传记作家和历史学家们一致同意，1904—1905 年日俄战争爆发的起因在于很久以前发生的一次事件。在途经埃及与印度之后，1891 年 5 月，俄国皇储和包括希腊乔治王子在内的众多随行们抵达了这场长达 8 个月之久的环球之行的最后一站：太阳升起的帝国。日本方面以对待君主最大的诚意进行了接待。王侯以及政府的高级官员们也觐见了皇储。这次逗留原本预计一个月左右，且在时间过半的时候会有一场与天皇的会见。在前往京都会见明治天皇的途中旅行者们抵达了一个小城市大津。原来的计划是午餐过后参观这个城市，该市的市中心有一条长长的主街。然而这条主街对于马车来说太过狭隘，所以人们不得不下车转而乘坐五十辆黄包车前往。民众在路旁手举着日本和俄国的国旗列队欢迎。安保措施非常到位——在 1 公里长的主街上每隔 18 米就有一名警卫。

偏偏他们中间的一位，津田三藏，突然扑向了皇储乘坐的第五辆黄包车，并两次举起马刀刺向皇储。刀刃刺伤了他的脖子、额头、耳朵以及右手手腕。"幸运之神"没有再眷顾凶手第三次最有可能致命的刺杀。希腊王子以及两位给皇储拉车的车夫制服了刺杀者。在他躺在地上并最终被拖走前大叫："我是一个武士！"人们对皇储的伤进行了暂时的处理，然后再将他转移到京都，在那里立刻登上巡洋舰"亚速纪念"号，在随后返回圣彼得堡的余下行程中再也没有离开过。

这场事故令日本官方极为尴尬——社交礼仪在其民族价值体系中处于极高的位置，而且俄国被其视为盟友。除了不断送上舰艇的不计其数的信件以外，日本民众不断赠予尼古拉安慰性的礼物，而日本官方也采取了重要措施进行弥补。在事件发生的当天，日本关闭了金融机构、学校以及停止了歌舞伎表演，即使是艺伎也需停止接客 5 天。在一些地方新晋升的父母被禁止给新生儿取名"津田"或者是"三藏"，因为这是凶手的名字。甚至有人建议将大津市重新命名。一位年轻的妇女为了对此恶行谢罪甚至公开自杀。而其中最重要的举措是，天皇本人亲自登上了巡洋舰并祈求尼古拉的原谅。在日方看来这就相当于一场海外出访——这对于神圣的日本天皇来说绝对是不同寻常的且体现了最高礼仪。然而尼古拉并没有接受他的良好愿望。他仅仅表示，并没有憎恨日本民族，并授予挽救他性命的两位车夫圣安娜勋章以及终生养老金。尽管如此，中断的旅行被视为是两国开始彼此互相不信任的最初信号。

可以肯定的是，那位武士是一个狂热的单独作案者，他被判终身监禁且同年在监狱里死于肺结核。当然，他的行为也有着一定的政治背景。1855 年，日本被美国舰队威逼打开国门，这也意味着，在经历两百年的闭关锁国后，日本开始迈向强而有力的经济发展道路。然而，另外一方面，它却受阻于广大民众的抵抗——不仅仅是贵族和武士阶层，同样也包括普通的平民百姓。每个阶层的人都表达了对新发展的不理解，他们的思想还停留在德川幕府的封建统治上。民众的抗议还体现在针对与西方国家签订的不平等条约，以及与此相连的在国际贸易关系中日本所遭受的不平等待遇。革新派以强权镇压了保守派，整合了他们中的领导成员并成立了国家，并形成将神道教作为国教、崇拜天皇统治和议会集为一体的专制统治方式。最后，随着工业化进程的不断巩固以及军备的不断扩充，日本逐步建立起了特有的帝国形式。由此，这个国家不再像数年前与中国一样，被迫屈服于欧洲列强以及美国而成为被压迫的受难国。因此，在明治时期，日本在欧洲经常被称为"东方的普鲁士"。

与其他欧洲列强相比，开放的日本维系着和沙俄帝国初始的良好且相互制衡的关系。首先，两国之间并不存在疆土的冲突。当1854年俄国海军副上将耶夫费米·普提雅廷于下田登陆并试图与日本国建立外交关系时，双方就几个悬而未决的问题就进行了沟通。双方所签订的《下田条约》[①]规定，萨哈林岛[②]（日为桦太岛）仍如同先前一样由日俄双方拥有，并对其有共同使用权。两国于1875年签订的友好条约[③]确定，日本承认库页岛实际上归俄国所有。为了日本的利益，圣彼得堡方相应地放弃超过16个小岛的千岛群岛的所有权，而这些岛屿中只有位于最南部的8座岛屿对捕鱼业有重要价值。就纯经济利益而言，被割让给俄国的87000平方公里的土地也收益甚少。因其频繁的地震、海啸及反复无常的气候，萨哈林岛被俄国政府列为"强制性劳动及流放之地"。俄国作家安东·契科夫也在他于1895年所撰写的令人深刻的萨哈林岛游记中做了这样的描述：那个时候几乎没有人可以想象，这样一个荒无人烟甚至有部分地区无法住人的地方，日后

---

① 又称《日俄和亲通好条约》——译者注
② 萨哈林岛在中国被称为库页岛。——编者注
③ 全称为《桦太千岛交换条约》——译者注

会成为日俄两国的一个争端点，且直至今日仍然悬而未决。

匪夷所思的是，如果对两国之间发生的种种不幸冲突追根溯源的话，就会发现这两个国家面临了同样的情况：不仅仅是日本通过改革使其经济增长达到前所未有的高度，俄国同样也是如此。亚历山大二世发起的改革——农奴制的废除以及地方享有一定程度的自治权——迎来了俄国历史上的激进时期。尽管在亚历山大三世统治时期社会主要处于革命的恐慌之下，反动派也重获优势，但事实证明，先进资本主义的浪潮是势不可当的。更重要的是：开明且专业的政治家们明白，只有在没有贵族且沙皇式官僚主义的干涉下才能加速发展的步伐。于是谢尔盖·维特要求亚历山大三世的财政大臣做金融改革，将卢布转换成以黄金作为兑换基础并由此确保其国际社会接受。此外，通过对酒业的垄断充实国库，且用这些高达数十亿卢布的资金进行国家投资，并用以取缔某些关口。其中一项最激进、最有抱负的项目就是扩建从贝加尔湖到死海的跨西伯利亚铁路线。沙皇视这一包括有西方贷款的项目为毕生最大的任务，并要求其皇位继承人也同样承担起此项责任。所以在他流亡式地从日本返国的途中，即 1891 年 5 月，在民众的欢呼声下，皇储在滨海省的符拉迪沃斯托克①主持了跨西伯利亚铁路的开工奠基仪式。

但是这一切和日本有什么关系呢？乍一眼看来当然并无关联，但是深究起来却是关系重大。铁路的设计者和工程师们陷入

---

① 即中国所称的海参崴，在 1860 年前属中国领土。——编者注

了进退两难的境地：要么就沿着阿穆尔河①进行建造，要么就必须通过蒙古 – 中国②的领土，主要是通过北部的部分满洲地区。前者从地理上来说更难，需要耗费更多的时间和金钱去建造好几座跨江大桥和隧道。后者不仅更加简单、快捷且造价经济，同时也更加有利于俄国未来的贸易往来。当然这一切必须首先获得中国政府的允许。可是，这又面临着另外的完全不同的问题。在有关朝鲜的控制问题上，日本陆军在亚历山大三世统治的最后几个月里侵略中国且毁灭性地击败了羸弱不堪的中国军队及水师。以此方式，日本也侵占了朝鲜以及中国的满洲部分地区、台湾以及辽东半岛。此外，日本政府要求战败国支付战争赔款，这笔款项的额度不仅涵盖了日本的军费而且是其数倍之高，北京政府根本无力偿付。

中国于1895年所签订的丧权辱国的《马关条约》对于圣彼得堡来说只有一点是无法容忍的：日本占据了辽东半岛的不冻港——阿瑟港③及达尔尼④，这就意味着以前和俄国隔海相望的潜在敌人现在却近在咫尺。值得庆幸的是，其他国家对日本的快速扩张也惶惶不安，同时他们也嫉妒日本此举所获的大量赃款。在此情况下，俄国⑤、法国以及德国组成了一个极为罕见的联盟并共同向东京施压，要求其归还所侵占的辽东半岛以及港口。与此同

---

① 即黑龙江。——译者注

② 作者是从今人的角度如此说。当时外蒙古属中国疆域。——编者注

③ 即旅顺港。——译者注

④ 即大连。——译者注

⑤ 原文为英国。——编者注

时，他们委托俄国外交部签订相应的外交条款以维护中国领土的完整。日本退出辽东半岛，俄国从中国政府手中接管辽东半岛作为租借地，但是不允许在那里建立军事基地。以这样的方式，沙俄帝国在所有的有关侵略及瓜分无助的东方帝国的纷争中一直纠缠不清。1898—1899年义和团运动期间，当义和团拳民烧毁大使馆并杀死外交官时，欧洲列强们用报复和抢劫作为回应，并借此将他们掠夺性的征战合法化。与此同时，在本土把义和团形容为"黄祸"一样的妖魔鬼怪，并将其配以浓重的色彩画在墙上。

年轻的尼古拉二世从他的父亲那里接手的，亚历山大三世时期的财政大臣谢尔盖·维特，也应当对这一悲剧性的发展负有一定的责任。年轻的统治者全权授权维特，命其在加冕庆典期间与中国高级代表李鸿章进行协商并提供给他一个方案：如果中国政府答应作为回报允许赤塔－符拉迪沃斯托克（海参崴）的铁路线通过中国领土的话，俄国政府将通过华俄银行为中国支付给日本的战争赔款做担保。铁路线归属俄国且由俄国士兵监管。实际上中俄之间签订了一个秘密协议，协议的基本条款是，以确保铁路建设安全为借口，俄国应该出兵帮助中国抵御日本的侵略。当然也有给中国人的贿赂——维特在回忆录中提到，他送给这位中国外交官50万金卢布，当然也有其他来源说这一数字为300万。这个数额并非空穴来风，因为最后这位清政府的高级官员在他的家乡以进行鸦片贸易而成为垄断资本家闻名。同时，俄国政府也成功地说服对技术革新充满激情的日本政府同意中东铁路^①这一

---

① 中东铁路亦称作"东清铁路""东省铁路"。——译者注

项目。

　　总的来说，圣彼得堡和东京之间的关系是友好的。他们彼此承诺，沙俄帝国保留对半岛的影响力且能够在满洲地区进行贸易，朝鲜在表面上是一个独立国家而实际上却是日本的附庸国。这美好的时光结束于 1897 年。在两名传教士被谋杀后，德国皇帝将他的舰队派往胶州并接管了港口。同时，威廉告知他"最亲密的表弟尼基"，不列颠的舰船已经准备好停靠在阿瑟港以及达尔尼港——这一说法至今没有得到验证。全体俄国将军中最具影响力且渴望获得军事上巨大成功的代表们则倾向于占领整个满洲地区，并使其成为附庸的"准拉贾斯坦邦"或"俄属印度"地区。

　　而维特所精心策划的铁路项目——一种更为柔和的扩张形式——只有在和平的框架以及与日本人取得一致的情况下才能获得成功。他本人失望透顶，并试图警告他的主人战火燃烧所存在的危险。维特强调，迄今为止，中国人仍然视俄国为中立国，但有可能在德俄联盟的攻击之下把沙皇俄国视为侵略者。在一番密谈之后，维特相信已经说服了沙皇。然而在下次觐见中，沙皇突然说道："您知道吗？谢尔盖·尤利耶维奇，我已经决定攻占阿瑟港和达尔尼。英国的军舰已经包围了阿瑟港和达尔尼，如果我们不占领港口的话，他们就会行动。"攻占两个港口就意味着俄国违背了两份协议：一份与中国的秘密协议[1] 以及另一份与日本

----

① 曾任年幼皇帝溥仪摄政王的载沣发现这份文件非常重要，因此将其保存在自己的卧室里。

的公开协议。

因此，这件事情就长久不能得到解决。在尼古拉的一位叔父，亚历山大·米哈伊诺维奇大公以及内政大臣普列维的支持下，前任宫廷侍卫亚历山大·别佐布拉佐夫骗取了沙皇的信任并向他陈述了一个荒诞的计划。根据这个计划，以私人与国家共同投资的股份有限责任公司的名义申请中国满洲地区和朝鲜边境鸭绿江两岸的特许森林砍伐权——这是一场为了和平侵占朝鲜的伪装行动。尽管谢尔盖·维特能够阻止这个计划直接获得国家财政的资助，但这个致力于与日本直接对抗的"别佐布拉佐夫帮"却获得了许多追随者，其中包括了商人、军官、外交官乃至沙皇的寡母。他们都准备好用自己的股份赞助这个还没有正式注册的公司。

在这种情况下，尼古拉试图使双方都满意。为了他的财政大臣，他下令解散别佐布拉佐夫这个反正会破产的公司；但是另一方面，为了迎合国内的战争派，1903 年他任命这个冒险家为外交大臣。同年 8 月，沙皇请求谢尔盖·维特在他下一次"最恭顺的汇报"中带上国家银行行长普莱斯克。这两位原为莫逆之交的官员共同觐见尼古拉。他首先接见了维特，而普莱斯克则在前厅等候。沙皇从头至尾听取了维特的报告并告诉他，准备任命他为"内阁"——一个典型的完全没有实权的机构——总理。而财政大臣的继任者不是别人，就是那位在前厅等候的行长。维特对解职的真实缘由不抱任何幻想：好战派想让他下台，而在当时的政治及军事条件下俄国只会输掉这场战争。灾难过后，人们又重新呼唤这位"黄金大臣"——还可以好好利用他作为政府的消防员。

大臣抑或是总理并无权拒绝或者是对此种决定的动机进行质疑。与此相反，皇室成员们却可以就此进行公开的讨论。亚历山大·米哈伊诺维奇（桑德罗）就行使了此种权力——最终，源于幼时的友谊将他与沙皇捆绑在一起，此外，他也是尼古拉的连襟。两位妻子，谢妮娅和皇后阿丽克丝也彼此交好，不管是在圣彼得堡还是在克里姆林宫，两个家庭经常私下聚在一起。正如桑德罗在他1931年所出版的回忆录中的记载："我们的友谊达到了一种在亲戚关系中很难达到的亲密程度。"

在1896年夏天的一场畅谈中，身为专业海军军官的桑德罗也抱怨了俄国舰队在远东的不利局面。尼古拉继而正式照会他，请他直截了当地阐述他的立场，并且以书面形式呈递给海军上将兼舰队司令，阿列克谢·亚历山德罗维奇大公。后者强调，因为桑德罗的介入而令他的职责受到干扰，并威胁，如果桑德罗没有正式道歉的话，他就要卸职。因此就有了如下一场沙皇和他最亲密亲戚之间的对话。

桑德罗：天啊，尼基！

尼古拉：是的。但是，桑德罗，我必须要维持家族内部的和谐。理智点，接受阿列克谢叔叔的建议吧！

桑德罗：他建议了什么？

尼古拉：他想任命你为驻扎在中国水域内的"尼古拉一世"号铁甲舰的指挥官。

桑德罗：我理解。仅仅因为我只听从你的命令，我就必须被流放。

尼古拉：这是是否遵守纪律的问题。

桑德罗并没有接受阿列克谢的建议，并因此而延误了他在海军的晋升。尽管如此，他也没有放弃，希望能够影响他的连襟做出理智的决定。随着时间的流逝，他越发认定在俄国和日本之间存在不可避免的冲突。他非常了解本国军事力量的薄弱，同时他也非常痛恨陆军总司令兼上将库罗帕特金的吹嘘——早在战争的前夜——就在公众场合表现出未来胜利者的姿态，这样也再次导致了他和沙皇之间的一次争论。

尼古拉：桑德罗，什么让你认为，你比我们任何一位将领都更能胜任对日本军队的评估？

桑德罗：源于我对日本人的认识，尼基。我并不是透过会客厅的窗子或者是在国防部的书桌后研究他们。我在日本生活了两年。① 你可以讥笑我，但是日本人的确是一个拥有强悍士兵的民族。

尼古拉：俄国沙皇并无权将连襟的意见与公认权威的意见进行对比。

尼古拉的态度更多是取决于维系家庭内部和睦的顾虑而非远东真正的局势。尤为典型的是，在叔叔们不断施压的情况下，他将这种态度解读为寻求自身的安宁。而隐藏在这种顾虑之下的却是他起源于对于自己亲生父亲——伟大的亚历山大三世——的恐

---

① 桑德罗在 1888—1890 年间的世界旅行中造访了日本。但所强调的"两年"肯定有夸大其词之嫌。

惧，这种恐惧如同莫扎特歌剧里的幽灵一样环绕在他的噩梦里。其他的心理因素则是来自于对大津事件所引发的痛苦回忆，这也经常导致了他生理上的反应。太阳穴边上的伤口则令他不断忍受偏头痛所带来的痛苦。这种命悬一线的死亡危险也造成了一种心灵上的创伤，而且唤起了其他的阴郁画面。年仅 13 岁时，他在冬宫目睹了祖父被恐怖者炸弹炸得四分五裂的尸体。因此，从 19 世纪 70 年代开始，这种对于谋杀的恐惧感就深深植入了这位俄国统治者的日常生活之中。

谢尔盖·维特总结道："沙皇尼古拉登基时，他对日本人的态度不是特别的友好，这是可以理解的。如果有人出现在他面前，将日本人描述成为一个不讨人喜欢、微不足道且弱小的民族的话，那么他对日本就会特别地轻视。对他来说，日本人只是'猕猴'，这意味着，他们不是人而仅仅只是猴子而已。"而事实上，这种蔑称不仅多次出现在沙皇的日记里，同时也出现在他的谈话中。当沙文主义的狂热不断加深时，这种言论也扩散开来。它不仅仅出现在公众场合，最终也被载入俄国的战争宣言中。动物化敌对者由此而变得广为流传且起了反作用。日本的军国主义者也把俄国比喻为一个"被米酒灌醉的熊"。

糟糕的是，尼古拉对日本的印象并非过多源于他幼稚的种族主义思想，更多的是取决于他的自以为是：这个对手并不值得严肃对待，而且他们应该也不愿意拿袭击俄国这件事情来冒风险。这种被数百万人所接受的沙皇式的自欺欺人也影响了许多有鉴别力的知识分子，比如，画家亚历山大·贝诺特，他同时也是一位传统日本艺术的崇拜者。在他的回忆录里，他带着自我批判的态度叙述当时的氛围："对于战争，大家表现出一种令人震惊的轻率态度……仔细想想：这个轻狂的小日本国，如同一只长着金色鬼脸的猕猴，突然袭击了一个巨大的雕塑，这可是一个拥有了超过一百万人口的大国——俄国！我和其他人甚至都对他们这种不知天高地厚的疯狂产生了怜悯之情。"

如果人们要中肯地评价日俄战争中双方各自所拥有的前提条件的话，应该会得到如下的结论：日本政府虽然更愿意避免冲突，但同时也做好了战争准备，而俄国的领导阶层则更渴望进行武力战争，且完全不考虑此类战事所引发的必要的经济以及军事上的需求。另外一种悖论则在于，在这场战争中所爆发的陆战及海战主要围绕着这些区域——中国满洲地区和朝鲜——的统治权，可是在事实上，它们既不属于俄国也不属于日本。

一方面，日本针对俄国的扩张采取了疯狂的军备扩充以示回应，1894—1903 年，日本军队的数量增长了 3 倍，军舰数目更是达到了之前的 4 倍之多。在英国所订购的数额甚巨的舰艇——其中包括鱼雷艇、无畏战列舰以及驱逐舰——符合最先进的标准，舰载大炮也被改装成远射程炮。1902 年，日本将与欧洲列强之间紧密的贸易关系转化为与大英帝国的政治联盟，并借此期待得到欧洲的庇护。另一方面，东京也采取了外交手段，其中包括首相伊藤博文对圣彼得堡的访问（1901 年 11 月），沙皇和他的外交大臣们极为无礼地忽视了他，而对库罗帕特金将军的访日（1903年 5 月）则是目的明确，主要是为了向其展示潜在对手在军队及舰队上的强大实力。1903 年 8 月，沙皇设立了由叶夫根尼·阿列克谢耶夫上将，一位阿列克谢叔叔跟前的大红人，掌管的所谓的远东总督府，以此实际上控制了满洲地区，而东京此次则出于战术原因尽量寻求达到一个有效的解决办法，并在没有纷争的情况下共同分享这块蛋糕。本质上，日本要求俄国放弃满洲地区及对朝鲜的管辖。然而，与此相关的照会却完全没有收到回复或者回复很慢且词不达意。对于日本使臣栗野仙男希望能够得到沙皇接见的请求，也被非常无礼地回复，沙皇没有时间。

到底所有俄国人的沙皇在想什么呢？后世也对他的这一行为做出了揣测。根据维特的想法，他生活在"一种信念中，那就是，我们只需要稍加努力就可以彻底地碾压并战胜日本。而且，我们也无须考虑战争的费用：因为日本会支付所有的战争赔款"。然而，在没有认识到"猕猴"真正实力的情况下，他也坚信俄国会赢得一场短暂而成功的战争。通过这场战争，他希望除了获取领地以及财政的收益之外，还能够取得一个额外的效果，正如同他的内政大臣康斯坦丁·普列维向他所承诺的一样：借此能够将沙俄帝国从恐怖主义和革命的浪潮中解救出来。而这位不久以后被社会革命者用炸弹炸死的内政大臣则试图说服库罗帕特金：起初将军对此次行动颇感疑虑，无论如何他在准备——尽管他有着丰富的专业知识和来自日本之行的清醒的经验——提醒统治者和日本进行较量的风险。但显而易见的是，他也期待着事先被任命为总指挥官。

其他证据表明，沙皇并不愿意相信存在对俄国本土的可能性袭击，或者至少不承认有这种恐惧感。他的连襟桑德罗计划于1904 年 1 月去戛纳看望在那里的疗养院休养的病重的父亲。因为大公出访国外之前必须事先得到沙皇的正式批准，所以桑德罗拜访了尼古拉。他想知道，在动荡的时期，这样的旅程是否可取。在尼古拉房间用完早餐后抽烟的间隙，有了下面放松的谈话：

桑德罗：在民众中流传着战争已经日渐临近。你是不是需要不计一切代价避免战争的发生？

尼古拉：现在我们没有任何理由去讨论战争。

桑德罗：如果你不想同意他们的要求，那你应该用何种方式避免日本的宣战呢？

尼古拉：日本人不会向我们宣战的。

桑德罗：为什么？

尼古拉：因为他们不敢。

桑德罗带着一种不安感前往戛纳。他的妻子谢妮娅和 6 个孩子待在圣彼得堡且目睹了整个事件的发生。谢妮娅于 1904 年 1 月 1 日（14 日）参加了欢迎外交使团的新年庆典，并将这一切记载在她的日记中："所有人都在观察尼基是如何和日本人交谈的！此后，尼基告诉我们，他对日本人说，俄国不仅仅是一个国家，而且也是世界的一个组成部分。此外，为了避免发生战争，他们最好不要去挑战俄国的耐心。"

几个星期之后，在 2 月 8—9 日的夜间，日本人用他们的鱼雷袭击了旅顺的港口并击中了几艘俄国的舰艇。沙皇对有一点非常明确：他们没有进行最后的通牒就进行了偷袭。

在随后日俄战争的一年半的时间里，沙俄帝国经历了一系列的败绩且无一次胜仗。我们现在颇感兴趣的是，沙皇及他的随从们是如何看待这一系列戏剧性事件的直接影响的，而且事后，这些影响对于统治者来说，就如同不可避免的命运的打击一样。当时，他个人的决策至少在某种程度上对后续事件的发展有决定性作用。虽然俄国在本质上保持侵略态度，但是也并没有挑起战争，所以人们——根据不同的观点——可以看出他的维系和平或者是体面的一种态度。事实上，是他本人给予了对方主动权并促成了一次突袭。第二天，当他向日本宣战时，他的远东舰队已经被日本海军所包围并不得不向日军的鱼雷和舰队投降。现在，没有任何事情可以阻拦日本人登陆中国满洲地区和朝鲜了。

带来致命性后果的则是尼古拉本人的决定。他任命海军上将兼地方长官阿列克谢耶夫为远东部队总司令，同时又派遣极具才干的上将库罗帕特金前往前线担任俄军最高指挥官。阿列克谢耶夫获取这个职位主要归功于大公"叔叔阿列克谢"的直接影响，而库罗帕特金则是一位非常受人敬重和欢迎的将军。两人的对立有点类似于预先设定好的，这可以从他们选择军队驻扎地这件事情上知晓端倪。阿列克谢耶夫的主要驻扎地在穆克顿，而库罗帕特金则在560公里之远的哈尔滨搭起了他的帐篷。毫无疑问，这一事情恰恰反映了沙皇的矛盾心理。两位指挥官对于军事议程有着不同的见解：阿列克谢耶夫想用尽最后一颗子弹守护旅顺港，而库罗帕特金却宁愿放弃港口而专注于防御来自中国大陆的对手。两人都坚持自己的立场并以"最恭顺"的方式致电尼古拉，可后者却在两方的意见之间摇摆不定。俄国庞大的军队——拥有300万士兵的军队——不得不服从双重指挥。"结局"很快来临：远东舰队被歼灭，传奇的舰艇被炮弹击中或是被鱼雷摧毁。

在战争初期，沙皇一直保持着乐观的态度。在妻子的陪同下，他同前线作战的海军及陆军部队告别。阿丽克丝赠送给军官、士兵以及水手们圣像。好事者们传播着来自一位将军的嘲讽："日本人用大炮和炸弹打败我们，而我们则要用我们的圣像来击败他们。我们的武器是圣像，而他们却用子弹进行射击。"沙皇直至生命的最后一刻还坚信一点，那就是士兵们的英雄气概和献身精神。巡洋舰"瓦良格"号的命运则是典型的实例，它停泊在一个被日本人摧毁的朝鲜港口里。在一次导致了许多死伤的未成功的突围后，它被迫返回港口。在那里，舰长鲁德涅夫①下令击沉这艘军舰以防落入敌人之手。幸存的官兵们则被沙皇邀请至冬宫共进午餐，在那里人们第一次演奏直到今日仍然广为流传的民歌：

> 上来吧，战友们，到甲板上去！
> 让我们出去最后一次阅兵！
> 骄傲的"瓦良格"号绝不言败，
> 我们也不需要任何怜悯！②

---

① 《朴次茅斯和约》之后，日本帝国授予该船长"旭日勋章"。该巡洋舰被日本人从水中打捞出来，进行了修理并用作辅助船，直到俄罗斯将其作为历史文物购回为止。

② 这首歌的原词为来自奥地利蒂罗尔州的诗人兼专栏作家鲁道夫·格林兹所写。它被翻译成俄语并谱以曲调。

最初的传闻以及圣彼得堡失利的消息接踵而至，这使得最初几天里人们所迸发的对于战争的热情很快就消失不见了。另外一个导致对此热情日渐消退的原因则可能是仇视日本这一概念的模糊，因为两国在此之前从未发生过战争。相比之下，奥斯曼帝国却是两个世纪以来俄国一直面临的大敌，1812 年对抗拿破仑军队所获取的胜利逐渐被视为是俄国身份的基石，英军回顾了克里米亚战争中塞瓦斯托波尔的英勇保卫战，同时对德意志帝国军事力量也有了一个大致的概念。了解这一切的当然仅局限于受过教育的官员阶层——农民和平民百姓对此知之甚少。桑德罗精准地描述了这一现象：

"3/2 的士兵直到参与大战前才得知日本的存在。'前线远吗？'他们问长官。'大概 7000 俄里'，长官回复道。7000 俄里！即使是俄军中妙语连珠的指挥官也无法向这些士兵解释，俄国为什么要和这样一个国家进行战争，而这个国家却位于远离俄国农民辛苦劳作的土地 7000 俄里之外。"

如此遥远的距离，或者如同哲学家别尔佳耶夫所说，"辽阔的地域从各个方面威胁着俄国人"，这也意味着一个几乎无法解决的军事任务。成千上万的士兵、武器、食品和物资必须经由还未完工的跨西伯利亚的单轨铁路运送到帝国的另一端。然而，更复杂、对战争结果具有决定性作用的却是海路。沙皇与他暴躁的妹夫又进行了一场激烈的对峙。桑德罗在开始的时候被任命管理商船队，之后又服务于为舰队募捐的赈济委员会——此类任命有点类似于轻微的流放，这一切的背后隐藏着宿敌"阿列克谢叔叔"

的影子。现在，海军上将罗兹德斯文斯基想将服役于波罗的海的舰队派至远东，从而减轻旅顺港的守卫压力。在"阿列克谢叔叔"的影响下，沙皇也核准了此项行动。与此相对的是，桑德罗试图在皇村举行的一次会议上说服他，此举将会把整个舰队带入"绝对的毁灭"，并因此希望他撤回命令。

两周后，尼古拉传唤他的妹夫并告知他，舰队即将启航，且他本人必须在喀琅施塔得的港口亲自送别。桑德罗须陪同他参加这一庄严的仪式。桑德罗在陪行途中甚至试图说服沙皇放弃他的计划，让他们先停船。然而罗兹德斯文斯基却坚持认为，这样的举动可以平息那些受到坏消息所震惊的舆论意见。正如阿列克谢耶夫和库罗帕特金在年初对战争胜利的预测一样，他对获胜也同样充满信心。

因为对日军鱼雷的深恶痛绝，10月离开波罗的海的上将的舰队在北海向一艘英国渔船开火，这导致了与英国的外交冲突。之后舰队继续向前航行，但是因为苏伊士运河只允许民用船只通行，导致了他们绕了很长一段路。与此同时，旅顺港在日军数月的炮火轰击下已经沦陷。在好望角和马达加斯加之间的某处，燃料的匮乏也阻止了舰队前行的步伐。令人惊异的是德国商船队的雪中送炭，他们运来了煤——这肯定是源于威廉二世的指示，他将自己的堂弟从困境中解救出来。当然，他的这一举动也正如后面所验证的一样，并非没有其他的幕后动机。在舰队最终穿越印度洋，经过锡兰^①到达目的地后，却在 1905 年的 5 月中旬遭遇了日本海军炮火的猛烈袭击。甚至不到一整晚的时间，整个波罗的海舰队就被击沉在日本和朝鲜之间的对马岛海域。这就意味着包括放弃旅顺港和穆克登在内的沙皇军队的覆灭。早已预见这一切的桑德罗，在数十年后苦涩地写道："如果我是尼基的话，早就已经退位了。"

在此之前，沙皇讽刺了跌入谷底的谢尔盖·维特，并预计罗兹德斯文斯基的舰队会改变战争的颓势，并最终会如神圣的"塞拉芬"所预言的一样，在东京签订和平协定。对此，维特断定，"只有知识分子和犹太人会产生质疑"。对于前任财政大臣从何处获知了这一讽刺而又夸张的信息，抑或这位于 1833 年过世的冯·萨罗夫和尚是如何精准地预言死后 70 年所发生的历史事件的，却没有任何解释。事实是，在妻子阿丽克丝的鼓动下，尼古拉封塞拉芬为圣者。皇后渐渐地将俄国东正教与所有的神秘教徒以及奇迹创造者奇妙地结合在一起，她希望这位圣者能够在 4 个女儿——奥尔加、塔季扬娜、玛丽亚和阿纳斯塔西娅——之后最终赠予自己一位男孩且成为俄国未来的沙皇。狂热的祈祷似乎有所帮助，战争期间，奇迹发生了，正如沙皇的母亲，玛丽亚·费奥多罗芙娜在她的记事本中记录的一样："重量：4660，长度：38，胸围：39。沙皇继承者、皇储阿列克谢·尼古拉斯耶维奇于 7 月 31 日周五下午 1 点 15 分出生。"根据官方的说法，俄国的民众感到无与伦比的幸福。现在他需要的仅仅是和平而已。

---

① 今斯里兰卡。——编者注

1905 年 6 月，在美国总统西奥多·罗斯福与交战双方进行斡旋后，尼古拉——通过外交大臣兰姆斯多夫——任命之前被他所羞辱的谢尔盖·维特作为全权代表出访美国，并与日本外务大臣小村寿太郎进行谈判。他提了两个条件：不割让任何一寸国土以及不支付任何赔偿。第一个条件听起来更加容易实现，因为这场战争并没有踏入交战双方任何一方的国土。但是没有任何赔偿？每个头脑清醒的政治家都认为这很荒唐。所以，法国总理莫里斯·鲁维尔与维特在巴黎进行了会晤，并试图劝阻这位沙皇的全权大使。毕竟在最近的一次德法战争中，法国向胜利者德国支付了巨额的赔偿。对此，维特骄傲地回答道："除非日本军队攻入莫斯科，我们才会考虑赔款。"

当然，维特也对于本国的军事以及经济状况了如指掌。俄国需要一年的时间以及 10 亿卢布才能持续进行战争，并借此在满洲地区或者朝鲜取得胜利。但是，俄国国库却几近空虚，且沙俄帝国在外国银行的信用也受到了冲击。如果还有什么需要赢取的话，那就仅仅只能是美国公众了。这位俄国的全权大使在他为期 6 天的跨洋旅行中接受了一系列的采访，并且有史以来第一次通过广播进行了播放。维特还记得："因为在纽约以及美国的媒体上，犹太人的影响尤为重要。所以，我在面对他们时完全没有表现出任何敌意，这也完全符合我在犹太问题上的一致观点。"

这场维特出于策略考虑以及诚实表述的友好访谈的确击中了事情的核心。在西方，俄国的历任政府以及统治者被认为是极端好战的反犹太主义者。在由于上述原因所导致或者鼓动的基希廖夫屠杀^①（1903）后，两百万犹太人被迫流亡且主要是流亡到了美国，所以人们对俄国的独裁统治颇为忧心。维特竭尽所能，试图改变此种观点：他与在火车上工作的工程师握手，以民主的方式向普通老百姓讲话，并得到了媒体的好评。

9月5日，双方签署了和平协议。但它并非像圣徒塞拉芬所宣称的一样在东京，而是在新罕布什尔州的朴次茅斯市。根据协议，俄国必须归还萨哈林岛（库页岛）的南部地区、满洲地区以及被攻占的港口，并放弃对朝鲜的控制，但是不需要向日本支付战争赔款。为此，罗斯福总统在第二年获得了诺贝尔和平奖。普契尼的歌剧《蝴蝶夫人》描述了美国海军军官平克尔顿与美丽的艺伎乔乔桑戏剧性的经历，在大都会剧院演出时引发了观众巨大的热情和持续的掌声。

在不贬低维特的个人成绩的情况下，必须指出的是，美国和英国给日本政府施加了巨大的压力。两大强国对其远东合作伙伴的军事潜力深感不安，正如他们在此期间对德国崛起成为海上强国也颇为不安一样。

沙皇的妹妹，谢妮娅女大公也描述了在寡母玛丽亚·费奥多罗芙娜处的一场家庭谈话："我们在妈妈家。妈妈对尼基说，他应该鼓起勇气来，至少对于他所面对的这一切，表现出认同和平

---

①1903年4月6日，俄国小镇基希廖夫发生了一起针对犹太人的屠杀事件，造成45名犹太人死亡，伤残近600人，1000多个家庭房屋和店铺被毁坏。——译者注

的必要性。他的反应则是：我对此要逆来顺受。"实际上，在俄国内部有比在满洲地区的港口以及在朝鲜的贸易更紧迫的事情。内政大臣普列维在战前是怎么说的："为了保护帝国免遭民主革命的风浪，我们需要一场不大但是必胜的战争。"反过来说也是可行的。失败的战争也会导致一场革命。1905年秋天，俄国爆发了革命。

第四章

独自面对革命

为了表彰维特在朴次茅斯所取得的毋庸置疑的成绩，1905 年 9 月，尼古拉二世授予了谢尔盖·维特伯爵头衔。尽管维特宣称自己深受感动并且亲吻了皇帝的手，但事实上他非常清楚，授予他荣誉的这位君主，在内心深处绝不认同与日和平协议的正确性且生性多疑。沙皇的一些将军和大臣强调，俄国极有可能在后来取得胜利，但在那之前已经太早地放下了武器，从而给自己的国家蒙上了耻辱。同样的指责还来自战争党的报纸——这在圣彼得堡是一个公开的秘密——它们中的部分由国家财政资助。因为把南萨哈林割让给日本，所以在这些报纸上，人们讽刺维特为"半个萨哈林伯爵"和一个俄国共和国"自以为是的总统"，并且，按照流行的反犹太主义阴谋论的说法，这些人把他描述成为"犹太人的奴仆"。

事后看来，维特的经历看上去就像是一个幻灯屏幕一样，它恰恰折射了这位君主阴晴不定的性格。尼古拉·罗曼诺夫患上了一种类似于生理无能的疾病，他即不能做决定也很难承受因此而带来的苦涩后果。即使这项艰难的任务是由专业的政治家、军人和大臣们替他完成的。然而在大多数情况下，兴许是一种轻率的表达，抑或是自我小心谨慎的沉默，他的签名都是他对事件应负的责任一无所知的情况下签署的。所以，他和他周边的人仅仅能够把来势汹汹的第一次俄国革命理解为命运的打击，而他们对此几乎不需要负任何的责任。

1905 年 1 月 8 日（公历 21 日）星期六，沙皇睡前在日记中写道："昨天开始，圣彼得堡所有的工厂都开始罢工。周边的部队被调集到这里来加强卫戍部队力量。到现在为止，工人们已经恢复了平静。罢工人数一共达到 12 万人次。工会的领袖是社会主义者盖庞神父 ①。"在第二天晚上，他已经将此事件总结为载入俄国历史的"血腥星期日"，并因此而获得了"血腥沙皇"的绰号。"恐怖的一天！在一名工人试图进入冬宫后，圣彼得堡发生了暴乱。军队被迫在城里的各个地方开火。有许多伤亡者。上帝啊，这是多么的痛苦和悲伤！"在表达遗憾之后他又写道："妈妈出城后就直接去了教堂。和所有人吃完午饭后就和米沙 ② 一起去散步。妈妈留在了我们这里过夜。"

一天之内，如此不同权重事件奇异地并立，即此处的血腥事件以及别处的午餐，它们都属于沙皇日记所具备的特性。类似的情况也出现在尼古拉的表兄，英国的王位继承人，日后的乔治五世身上。他总是以记录天气为开端来记载与此毫无关联的政治现状。然而，更值得关注的是，尼古拉是如何获取这些事件的信息以及什么样的信息会吸引他的注意。"120000 人"以及盖庞的名字有可能是源于内政大臣的每日通报，而在 1 月 8 日所标注的数字有可能是对第二天情况的一种预估。而对于"恐怖的一天"的反应则仅仅只局限于沙皇对于摆脱自己责任所需要的有限内容：不是他，而是军队向群众开火，并且是因为"被迫"进行的射击。皇后对此事件的反应也如出一辙，在她寄往伦敦的姐姐——巴腾堡的维多利亚公主——的信件如此描述："是的，可惜军队被迫

---

① 又译作加蓬神父或葛朋神父。——译者注

② 沙皇的弟弟米哈伊尔·亚历山德罗维奇大公，在皇储阿列克谢·尼古拉耶维奇出生之前是沙皇皇位的正式继承人。

开火射击。人潮反复被告知应该撤退，尼基不住在城内，因为我们在整个冬天都住在城外①，……但是人们完全不听才导致了流血冲突。"但是这起令沙皇夫妇如此遗憾的灾难是怎样发生，以及什么原因导致工人涌上涅夫斯基大道，有没有可能或者只是断章取义地传入了他们的耳朵。也有可能是因为他们并不想确切了解这一切——反正因为战争进程而导致的坏消息也不绝于耳。

实际上，1905年的革命是以位于圣彼得堡的普梯洛夫工厂的工人罢工为开端的。乍一看，此次罢工只具有地方性意义：工人们要求工厂管理层重新雇佣4名工人，他们之前因为加入工会且煽动罢工而被开除。而他们停工的主要原因是要求提高低微的工资以及改善恶劣的生产条件。工会隶属于"合法的俄国工厂工人协会"，它受到俄国秘密警察组织暗探局②的支持，并试图阻挡社会民主主义浪潮对于无产者的影响。格里戈里·盖庞神父原本也是所谓的"警察社会主义"的一个工具。作为一个坚定的托尔斯泰主义者，他对工人们越来越激进的行为忧心忡忡，并希望再次以和平的方式解决这一切冲突。

盖庞认为直接向沙皇请愿是达到这一目的的适当手段。更确切地说，借用古老的《tschelobytnaja》，即进行卑躬屈膝的"低头鞠躬"这种方式。他集合工人在冬宫前进行和平示威，并希望借此将一份谦卑的集体请愿书递交上去。按照他天真的观点，

---

① 在位于皇村的宫殿里。

② 暗探局俄语名 Ochranka，本意为"安全"——译者注

尼古拉二世作为唯一的统治者应该捍卫自己的人民免遭资本主义和沙皇式官僚主义的剥削。然而，除了诸如8小时工作制以及罢工权等社会诉求之外，他的请愿书还包含了一些政治因素，崇尚"自由主义"的地方自治会之前也已经提出过类似的要求：普选权以及召集制宪议会。即使这些要求并非成立共和国的前奏，也没有威胁沙皇政权的生存，但无论如何也的确旨在限制独裁者的权力。

盖庞深刻感受到了他对沙皇温和的忠诚与日益愤慨的人群之间的矛盾。无奈之中，他试图联系宫廷并提交请愿书。在游行示威的前夕，他向沙皇发出了最后警告："君主，我担心你的^①大臣们并没有告知你有关首都的实际情况。你应该知道，那些坚定相信你的圣彼得堡的工人和公民们已经不可逆转地决定明天中午两点在冬宫前集合，向你描述俄国民众的苦难。如果你因为犹豫不决而不出现在民众面前，如果有无辜的鲜血在流淌，那么你和你的人民之间所存在的道德关系就会崩溃。"有些知识分子也对此忧心忡忡，并派出了一个包括马克西姆·高尔基在内的代表团拜访维特。代表团建议沙皇至少要出现在冬宫的阳台上。有影响力却无权的自由主义政治家维特以无权管辖为借口拒绝了调解。

于是，1月9日，工人们带着沙皇的画像和圣像，唱着圣歌，带着他们的妻子与孩子们从郊区涌进了市中心，在那里等待他们

---

① 使用"你"来称呼俄国沙皇只有其最近的亲戚才可以，或者俄国农奴在他们的请愿书中也可以使用，这是俄国的一个特色，因为他们可以像面对上帝一样向沙皇进行请愿。

的却是军队和宪兵的射击。游行示威被迫以血腥的方式结束且造成了 200 多人死亡以及多人受伤，这也被证明了是统治者皮洛士式的惨胜[①]。然而，革命的火焰无法被受难者的鲜血所熄灭，与此相反，在日俄战争中的败绩却令统治者政权的声望受到了不可挽回的损害。盖庞成功地躲避了追捕并从藏身之地逃出来，这在以前的俄国应该是无法想象的：他使君主蒙受了一次叛离，他被逐出教门并诅咒沙皇，"尼古拉·罗曼诺夫[②]，过去的沙皇，现今俄罗斯帝国的灵魂杀手…… 所有因你而流的鲜血将流回你身上！"[③] 正是这种对尼古拉本人的直接诅咒导致他被当作这次血腥屠杀的罪魁祸首而被全世界所排斥。甚至英国工党领导人拉姆齐·麦克唐纳也将他描述为"邪恶的凶手"。但事实上，人们不能谴责他直接参与了此事。血腥星期天的间接诱因是统治者们第一次面对面孔模糊的人潮时而出现的共同的心理问题。

到目前为止，帝国的威胁者具备了越来越明显的特征：刺客主要是年轻的男人或者妇女。他们是理想主义者、讨厌专制并且将专制的化身——省长、大臣、警察局长甚至于统治者——当作他们炸弹及左轮手枪袭击的目标。他们不觉得自己是杀人犯，反而是秘密组织"大众意愿"或者是社会革命党组织进行死亡判刑

---

① 皮洛士式的胜利指的是付出极大代价而获取的胜利。——译者注

② 这一带有姓氏的称呼被视为对皇权的侮辱，自 1917 年尼古拉（"公民罗曼诺夫"）被捕之后才使用——这借鉴了法国大革命中对法国国王路易十六的蔑称"公民卡佩"。

③ 盖庞的命运被证明和他的性格一样是悲剧的。他移居巴黎，并受到包括列宁在内的俄国流亡社会主义者所有派系的热烈欢迎。在获得特赦返回俄国之后，他于 1907 年被作为俄罗斯帝国暗探局的特工遭到社会革命党成员的杀害。

的执行者。他们从一开始就接受了他们这些行为所造成的不可避免的后果：被处死或者是最有利情况下的终身监禁。20世纪初，他们已经拥有了相对较现代的基础组织架构，尤其是博得了学术青年的同情。实际上，各地政府也对他们无能为力。

但是，即便是沙皇叔叔——莫斯科总督谢尔盖大公在血腥星期日之后的三周被刺杀，也并非是对这场可怕事件的报复行为。早在1904年12月用伪造文书从流放途中返回的27岁俄罗斯-波兰抒情诗人和社会革命家伊凡·卡尔贾耶夫，一名"永恒的学生"，受命杀死莫斯科的第一号人物"霍登公爵"。他在特维尔大街和克里姆林宫之间扮作出租马车夫，跟踪谢尔盖长达数周之久。暗杀事件的策划者鲍里斯·萨维诺夫形容他"像一个看不见的影子。"1月底，"他已经知道大公的所有习惯了"，2月4日，他将用纸包裹好的炸弹扔在了马车下面。案发地是他精心挑选的——于1882年被恐怖分子杀害的沙皇亚历山大二世的纪念碑前。谢尔盖的妻子艾拉，即伊丽莎白女大公，听到克里姆林宫发生了巨大爆炸声后迅速跑出宫殿，但也为时已晚，她只能识别出她丈夫身体的残骸。凶手被立即逮捕且没有进行任何的抵抗。据报道，他对赶着雪橇前来的警察说："我并没有逃跑——我只是履行了我的职责。"在俄国，出于政治动机的谋杀几乎已经不会再让任何人感到惊讶——两位内政大臣，1902年的德米特里·西皮亚金以及1904年的维亚切斯拉夫·普列维成为了最新的恐怖受害者。然而，自亚历山大二世被暗杀以来，帝国成员们显然受到了更好的保护。1887年，对尼古拉父亲亚历山大三世的一次暗杀活动被挫败，包括列宁兄弟在内的密谋者被绞死或被流放到西伯利亚。随着谢尔盖大公的被杀，统治者家族似乎突然遭受到了威胁，尤其是因为西欧的君主们对无政府主义者有致命的吸引力：奥匈帝国的传奇皇后伊丽莎白于 1898 年被刺客路易吉·卢切尼刺死；1900 年，凶手盖塔诺·布雷西向意大利国王翁贝托开枪。德国皇帝威廉二世和英国皇储，即后来的爱德华七世，仅以一步之遥逃脱了暗杀。

皇族成员们对谢尔盖被谋杀的反应再次惊人地相似。在日记中，尼古拉用他惯用的电报体写道："莫斯科发生了可怕的罪行：谢尔盖叔叔……被炸弹炸死，炸弹是他乘坐马车时扔到他身上的。他的车夫身受重伤。可怜的艾拉，我的主啊，请保佑她并支持她！"沙皇的妹妹谢妮娅女大公："今天下午，他们在莫斯科杀死了可怜的谢尔盖叔叔！这简直是可怕^①、恐怖、悲伤和可耻的。当这样一头猪扔炸弹时，他就在马车上……可怜的艾拉，我为她感到非常的遗憾——多么难以想象的痛苦,而且她现在是孑然一身了。"遇害者的堂弟康斯坦丁大公："我正准备去皇村参加家庭聚餐。但是 5 点钟的时候我被告知聚餐取消了，我不知道为什么。6 点钟……有人告诉我……有人暗杀谢尔盖……两枚炸弹抛到他身上炸死了他。我就像被闪电……击中了一样，流下了眼泪。我必须提防我的妻子——她爱谢尔盖胜过一切。"

---

① 原文即为斜体字。

当天的家庭聚餐被取消了①。而帝国的女性成员们，寡母玛丽亚皇后，阿丽克丝皇后和谢妮娅女大公于 6 点钟聚集在皇村，商讨她们参加谢尔盖葬礼的方式以及如何在这艰难时刻里帮助伊丽莎白女大公艾拉。但是，细节决定权并不在她们手中。1 月 9 日后被任命为圣彼得堡总督的宪兵将军德米特里·特列波夫出于安全原因，建议她们不要前往莫斯科，沙皇也同意了。康斯坦丁大公作为家族的唯一代表，在沙皇的许可下被允许参加葬礼。人们不禁质疑，为什么会选择他作为代表？也许是因为与谢尔盖的大公兄弟弗拉基米尔、阿列克谢和米哈伊尔不同，他本人远离权力中心。尽管他拥有众多的军事头衔，但与他的一些亲戚不同，诗人、莎士比亚翻译家和俄罗斯科学院院长的身份被认为相对"不受炸弹威胁"。

此外，并非所有人认同特列波夫的顾虑。例如：伴随受害者多年的副官弗拉基米尔·德永科夫斯基后来在他的回忆录中对此举的正当性表达了怀疑："据说，沙皇原本想亲自到莫斯科来，……但由于特列波夫的影响而决定放弃。……但是我认为，如果沙皇能够亲自来莫斯科，那将会给他的子民留下深刻的印象，并增强他的声誉。" 德永科夫斯基可能是正确的：与其听任对刺客的恐惧不断升级，还不如向统治家族的成员们公开展现自己的勇气。但是，这种态度并不是沙皇的特长。在霍登场和血腥星期天的灾

---

① 不管怎样，当天或者第二天仍举行了一次宴会。根据时任对日战争俄军参谋部顾问的普鲁士利奥波德王子的回忆，他在暗杀当天被邀请到一张明确未被取消的餐桌上。晚餐时，除了沙皇与其妹夫桑德罗在场以外，皇后并未到场，席间"根本没有提到大公遭到谋杀之事"。像霍登场的踩踏事件一样，权谋最终战胜了悲痛。

难之后，他将自己隐藏起来，而与此同时，一个庞大、低效且在许多方面令人怀疑①的安全机构几乎像看护囚犯一样保护着他和他的家人。

莫斯科葬礼上未发生任何事件。英国和德国的家族成员都派出了高级代表。这位寡妇在那段日子里得到了许多人的赞佩，她允许任何想告别大公的人——无论是达官显贵抑或是普通民众——进入克里姆林宫。很显然，在看到丈夫可怕的尸体后，她打破所有的常规约束，亲手收集了他的残骸并将其放在一副担架上。达姆施塔特–黑森公主的勇气仍在继续。首先，她探访了在医院中奄奄一息的马车夫，并以谎言安慰他，谢尔盖·亚历山德罗维奇还活着并转达他的问候。在丈夫的葬礼之后，她立即要求当局安排她和肇事者之间的会面，当时刺客还被关押在皮亚尼茨基–瑞安警察局。可惜，我们仅能从卡尔贾耶夫的叙述中得知这次会面的细节。

卡尔贾耶夫：大公夫人，请您不要哭泣，这件事情必须发生。为什么在我行凶之后你才和我交谈？

艾拉：做这样的决定一定让你饱受痛苦。

卡尔贾耶夫：是的，我和其他数百万的民众一样饱受痛苦。鲜血洒满了四处，而我们却别无选择，只能用这样的方式抗议这样一个灰暗的政府和可怕的战争。

---

① 根据多年以后的证据证实，在警察特工埃夫诺·阿泽夫的积极参与下，这一时期规模最大的暗杀活动得以计划并实施，例如针对内政大臣西皮亚金、普列维、谢尔盖大公，甚至对劳工领袖盖庞的谋杀。

艾拉：是的，很可惜你没有及早过来与我们交谈，我们也没有尽早认识你。

卡尔贾耶夫：您肯定知道，1月9日，当工人们要求觐见沙皇时，他们对工人做了什么。你们向人民宣战，而我们接受了挑战。

艾拉：你真的认为，我们没有经历痛苦吗？你认为，我们不想为人民的幸福做点什么吗？

卡尔贾耶夫：您现在承受了苦难。但是就幸福而言，我们早就已经毫无幸福。

艾拉：好吧，我无法参与你的政治讨论。你只需要知道，大公宽恕了你，而我也会为你祈祷。

然后，她递给卡尔贾耶夫一个圣像。根据官方的说法，这副圣人的画像是促成这次大牢之行的主要动机。在那些女大公被描绘成道德制胜者而刺客是被征服者[①]的作品中，也有推论认为女大公失败了，类似的说法也出现在历史文献中。例如，有传说艾拉请求沙皇宽恕卡尔贾耶夫，以打破恐怖的恶性循环，却没有被他听进去。根据另一种说法，尼古拉甚至已经愿意这样做 ——也许是为了使恐怖主义不再被美化为英勇的举动。但是，据说他规定了一个条件，即犯罪者本人必须提交申请宽恕的请愿书——这种羞辱对于卡尔贾耶夫这样的革命者来说是无法想象的。在审判中，刺客宣称自己是人民与权力之战中的士兵，将为人民的事业

---

① 卡尔贾耶夫被这次访问深深触动，并为此赋诗一首："黑衣者幽灵一般闪进 / '我是他的妻子'，她说 / 旋即坐下握住我的手 / 注视着我的脸，抽泣 / 她的黑纱带着坟墓的悲伤 / 她的眼泪抚平了我的伤口 / 我没有将她推开 / 并宽恕了她 / 这个来自沙皇深宫里的奴隶。"

牺牲自己的生命。1905年5月，他被绞死在什利谢利堡监狱的院子里。他的形象启发了包括马克西姆·高尔基、季娜伊达·吉皮乌斯、亚历山大·勃洛克、米哈伊尔·阿齐巴舍夫和鲍里斯·帕斯特纳克在内的诸多俄罗斯作家的灵感。列夫·托尔斯泰甚至还建议著名画家伊利亚·列宾以他自然主义的画风将这场在警察局的会面永久记载下来。

1905年的一系列大事件——日俄战争的失利、"波将金"号战舰上的水手起义、农民对土地的暴力占领以及工人罢工、民族运动的加强、政党的形成和审查机关关闭报业——迫使沙皇专制政权不断退让。最危险的莫过于一个有着无害名字"苏维埃"（俄语意为会议或代表会议）组织的出现，该组织逐渐发展成为反对政权的萌芽形式。8月，沙皇承诺召集国家杜马，它最初具有协商权力和有限的选举权。随后，沙皇于10月17日发布诏书，承诺所有民主权利并批准民主选举杜马，此后杜马将以西欧议会的形式发挥其作用。这些改革逐渐导致了革命浪潮的消退。然而在俄国，情况已经不同以往，甚至连皇室成员都知道，历史的变化比单个无政府主义者的炸弹或子弹对他们人身安全更具威胁性。根据当时的气氛和具体情况，他们感到恐慌、绝望或者是愤怒。

女大公谢妮娅，6月15日，加特契纳行宫

最令人难以置信的消息已经传来，真是可耻……在"波将金"号上发生了兵变，司令官和各类军官们被杀！海岸线前，武装船只纵横交错，水手们被煽动参与战斗并发出声明。港口已经发生抢劫案。只有上帝知道还会发生什么事，而人们对此却无能为力！

康斯坦丁大公，6月22日，圣彼得堡

来自敖德萨的消息真是恐怖又令人难以置信。革命在那里公然爆发了。还有"波将金"号战舰上所发生的史无前例的可怕事件，水手们发动了叛乱，他们杀害了我亲爱的朋友申贾·戈利科夫①司令以及几乎所有的军官。如果人们认为这一切不可能的话，就无须面对如此残酷的现实。

女大公谢妮娅，6月25日，加特契纳行宫

我如此沮丧，这些事不是真的！发生了如此多可怕的事情——罢工、谋杀、不满，专制政权已经不复存在。我读过一份贵族的备忘录——这一切既残忍又残酷，但不幸的是，事实就是如此。

康斯坦丁大公，9月28日

报纸上充满了可怕的消息！高加索地区的局势仍未得到改善，杀戮仍在继续，……亚美尼亚人和鞑靼人②并没有停止相互杀戮。莫斯科遭受到一波猛烈的罢工浪潮的冲击：面包师、水管工、锁匠、电车司机……

谢妮娅，10月19日

---

① "波将金"号巡洋舰的指挥官叶夫根尼·戈利科夫被反叛的水手杀死。康斯坦丁与戈利科夫曾一起参观过圣彼得堡海军学校。

② 这里指的是阿塞拜疆人，而非鞑靼人。

雅尔塔市出现了新的示威游行——有好的也有坏的^①。越来越多的犹太人遭到袭击，据说，在此期间有许多犹太人移民到了美国。^②有人建议我们，出行时不要走主路（这是多么愚蠢啊）。

康斯坦丁大公，10月22日，塔什干

铁路工人罢工了。5天来，我们像囚徒一样在塔什干城里干等，根本无法走出去。

这些迄今为止一直居住在宫殿、狩猎场、豪华火车和游艇中，且隔绝于国家所有的真实生活之外的贵族们，突然之间变成了受到惊吓的报纸读者。他们中很少有人在事件的发展进程中发挥积极作用。中心人物之一就是谢妮娅的丈夫桑德罗，当时的港口和商船队的负责人。他是一位有批判思想的掌权者，但同时又是一位君主专制主义者。因此，他感到无能为力，无法分担连襟尼古拉对革命的让步。10月17日的宣言送达身处克里米亚半岛的桑德罗手中，他所指挥的阿玛斯巡洋舰（德语："钻石"号）驻扎在那里。安全起见，他增加了一队士兵以加强驻守位于爱托多尔的家族城堡的卫戍力量。

"罢工中断了与塞瓦斯托波尔的电话联系。"25年后，他在流亡巴黎中回忆："我在爱托多尔灯塔旁边的长凳上度过了许多

---

① 根据谢妮娅的表述，"糟糕"的示威活动肯定指的是在她心爱的度假胜地进行的民主集会和社会主义集会。与此对应的，在这种理解中，"好"的示威者应当只能是来自忠于沙皇的右翼极端主义"俄罗斯人民联盟"或"大天使米迦勒"等组织，"爱国者"则应该是屠杀犹太人和暗杀自由派政治家的人。

② 1900—1909年流亡的犹太人有68万人。

与世隔绝的夜晚，反复思索可以摆脱困境的出路。思考得越多，我就越清楚地知道，唯一的选择就是满足革命者的所有要求，或者完全相反地宣布对他们进行无情的镇压。第一个决定有可能将不可避免地导致建立一个社会主义共和国，而另一个决定则有可能恢复统治政权的威望。"《十月宣言》在一定程度上对于桑德罗来说意味着政权倾覆的开始。他无不讽刺地说：'知识分子终于有了期待已久的议会。'"

实际上，在这个动荡的夏天和暴风骤雨般的秋天，除了民主变革，统治者已经别无选择。甚至宫廷圈子内部也清楚地意识到帝国所面临的直接威胁。圣彼得堡驻军抑或是一些从前线返回的士兵的叛变已经足以破坏沙皇统治的上层建筑。宫廷大总管帕维尔·冯·本肯多夫惊人地以开诚布公的方式表达了这样的忧虑。10月中旬，他在从圣彼得堡到彼得宫城的途中——因为铁路工人罢工，他不得不乘船出行——遗憾地对谢尔盖·维特说："陛下有 5 个孩子。如果他们在接下来的日子里被迫离开彼得宫城到国外寻求庇护，那么，他们和孩子们会面临很多问题。"

这次，维特亲自去觐见沙皇，为他起草的宣言做最后的定稿，这也许可以在最后一刻拯救岌岌可危的君主制，即使必须以限制君主的权力为代价。他是当下可以开出这种虽然苦涩但具备疗效的药剂的医生。甚至连寡母玛丽亚皇后也呼吁她善变的儿子，这次不要再听从任何叔叔或者是权臣的话："我敢肯定，唯一可以帮助我们的人就是维特。他无疑是个天才。"尼古拉表面上似乎屈服了，但实际上，他直到最后仍然坚持另外一种选择——军事独裁。然而，要实现这一目标，他需要一个愿意承担屠杀的责任，并有可能以采取这样的行动而取得成功的人。确切地说，他希望他的一个叔叔，圣彼得堡军区总司令尼古拉·尼古拉耶维奇大公来承担这一责任。为了将其与家族其他尼古拉们区分开来，他被称为"尼古拉沙"。

在事先没有询问尼古拉沙的情况下，尼古拉二世开始与维特进行谈判。同时，他也与极端皇权主义的宫廷侍从们一起思考独裁统治的方法。简单来说，这就是一场政变。维特得知这起阴谋后直接去向尼古拉沙问责。后者虽然感觉受到了严重的屈辱，但是他也不愿意成为一个嗜血成性的人并参与这样的冒险行为。1905 年 10 月 17 日，他与维特在同一天被命令去觐见沙皇。在上午 10 点的接见之前，前任宫廷事务大臣、总理弗拉基米尔·弗里德里希斯向他通报了他所面临的情况，并传达了沙皇的愿望："我认为，我们必须实行独裁统治，而你必须扮演独裁者的角色。"尼古拉沙从他的口袋里拿出一把左轮手枪说："你看到这把左轮手枪了吗？现在，我要去见沙皇，请求他同意维特伯爵的计划并签署诏书。他要么签名，要么我会从那把左轮手枪中射出一颗子弹到我的脑袋里。"

这个戏剧性的场景是一个信号——即使是帝国成员们也不敢随意以身涉险。甚至强加给他们的议会制也远不及这种军队的军事政变给他们带来的巨大的威胁力。因此，剩下的唯一解决办法就是：人们开始誊写需要大量修改的宣言草稿。终于，在傍晚 5 点左右，沙皇在湖岸边的一座小城堡里接见了尼古拉沙和维特，这座城堡是他成为皇储时为他建造的。当他们进来时，沙皇站起来走到办公桌前，在胸口划着十字并在宣言上签字。

和往常一样，就在临睡前不久，他在日记中写道："铁路事故周年纪念日！"事实上，17年前，即1888年10月17日，带着尼古拉父母和孩子们一起从利瓦迪亚前往圣彼得堡的皇家列车在乌克兰村庄博尔基附近出轨。事故造成数十人伤亡，但是一直在餐车里的沙皇家人在灾难中幸存了下来。民间一直流传着这个奇迹般救赎的传说：亚历山大三世用他那魁梧的身体一直顶着列车坍塌的车顶，直到他所有的亲人都安全为止。而现在，就在10月17日这一天，尼古拉二世不得不经历他所统治的国家以及他的独裁统治的脱轨和瓦解。正如他所迷信的宿命一样，他以祈祷结束了记录："主啊，请帮助我们拯救和挽救俄国吧！"

第一个国家杜马以普鲁士的三级选举制为基础，对政府政策的影响微乎其微。此外，君主有权可以随时解散他们——他还可以重复使用此项权力。尽管如此，（俄历）1906年4月27日（公历5月10日）是在塔夫利宫以尼古拉致辞为象征的议会开幕日，意味着君权神授的统治者以及他统治的帝国的丧礼日。即使是非政治性的当事者，例如尼古拉的妹妹奥尔加女大公，在这次历史性事件中也感受到了这一刻的悲惨："我一点都不了解政治。我仅有一种感觉，那就是整个国家和我们与他在一起误入歧途。我和母亲 ① 一起参加了盛大的感恩赞美诗合唱，这是为第一次杜马

---

① 寡居的玛丽亚·费奥多罗芙娜皇后。

会议召开而举行的庆祝活动。我还看到一大批农民和工厂工人的代表站在我的面前。这些农民们看起来目光呆滞。但是工人们更糟：他们看起来似乎很恨我们。我想，我永远也不会忘记阿丽克丝眼中的忧虑。"

甚至于谢尔盖·维特都对于自己的工作充满了矛盾感。这位开明且具有理性思维的现代职业政治家在本质上并没有完全摆脱封建神话的影响。尽管有无数关于沙皇愚蠢和毫无性格的恶毒言论，但是，在他的回忆录中却记载了类似于某种信仰的句子："许多人直到今天也不了解沙皇，不知道沙皇的力量藏在某种神秘物质里，这是一种无法用任何知识可以解释的奥秘——它存在于遗传上。没有任何人比我更了解作为沙皇的尼古拉二世，也没有人比我更了解他的错误和弱点。尽管如此，我仍然坚定不移地在上帝面前祈祷：主啊，别让尼古拉二世遭遇不幸。我爱俄国并向上帝祈祷，请求他让沙皇保持身心健康。因为只要俄国的船还没有到达平安的港口，那么，就只能通过尼古拉二世来保卫我们的国家，他是既定的沙皇——是君权神授的沙皇。换句话说，他是天生的沙皇。"而这次，维特遭受了几年前同样的命运，有一天，天生的统治者撤销他的职务并委任他人：他再次被驱逐了——这是典型的过河拆桥。

维特伯爵仅仅有接近6个月的时间来实施他的改革计划。然而，他却逐渐意识到右翼宫廷党人总是会抵制和破坏他的意图。在有关农民问题、犹太人待遇或宗教自由等此类重要决策的准备阶段，人们根本不考虑他的意见。部委办公室的同僚们绕过维特，直接向沙皇递交他们的报告。同时，尼古拉的朝臣们对刚成立不久的杜马进行了猛烈的攻击。总而言之，10月17日的宣言激起了强烈的反抗。维特对皇后在这些阴谋中所扮演的角色特别不满意。主要是因为，亚历山德拉散布谣言说，维特迫使沙皇签订了这一宣言——而尼古拉本人对这种说法则保持了沉默。他总是有种感觉，觉得自己在宫廷内部仅仅是被容忍而并非受到欢迎。[①]

1906年4月初，这位总理递交了他的辞呈。他主要提到了健康原因，但也毫不掩饰他与其他大臣以及警察局长特列波夫伯爵之间的分歧。尼古拉接受了这一请求，并在致维特伯爵的信中赞扬他迄今为止为祖国所做的一切努力。他在彼得宫城接见了他，与这位失宠者进行了友好的谈话，并向他颁发了镶钻的"亚历山大·涅夫斯基"勋章。他甚至答应在驻西欧大使馆职位空缺时第一时间想到他。这是维特对彼得宫城的最后一次访问。

事实上，在很长一段时间里他都渴望重返政坛。他曾在比亚里茨住了一段时间后回到莫斯科，但是因为无法展现自己巨大的才能而饱受孤独和巨大的痛苦。此外，他还以速记方式将这些记载在回忆录中——这是一篇由杂乱无章的文章所组成的大杂烩，一座纪念他本人饱受伤害的丰碑。沙皇虽然支付他高薪，但并没有提及让他成为国务委员会的正式委员，也不想从他这位最有才华的大臣那里获取任何信息。也许，维特对他来说是他在不得不

---

① 让维特个人感到特别痛苦的是，他的第二任妻子玛蒂尔德·努诺克由于拥有犹太血统，即使在其丈夫职业生涯的顶峰时期，也从未被允许踏入宫廷一步。

签署宣言时所感到的屈辱的化身，而这份宣言也相当于对君主专制的死刑判决书。1915年3月，当66岁的伯爵死于脑膜炎时，尼古拉直率地对法国大使莫里斯·帕里奥洛格斯说："维特伯爵的死使我感到松了一口气。"

在圣彼得堡拉扎列夫公墓里这位逐渐变得不受欢迎的政治家的墓碑上，除了左下角的出生和死亡日期外，只雕刻了一个日期："10月17日"，那是他所起草的民主宣言宣布的日子。

在俄国命运攸关的一年里，沙皇感到自己被历史的滚滚浪潮所统治。现在，他不得不独自一人面对革命。他感到自己被所有的追随者抛弃，不管他们是君权主义者抑或是自由主义者。顺带一提，这种遭受严重伤害的自我，换句话说由宗教信仰转向宿命论和神秘主义的自我，迫切需要安慰和辩解。一份显然是随机落在他桌子上的电报给他提供了所需的安慰。发件人是尼古拉听说过的格里戈里·拉斯普京。据说他是来自西伯利亚的僧人，他对宗教的虔诚以及未卜先知的能力使他在圣彼得堡的沙龙中备受关注。10月17日之后，在弥漫于整个王朝的沮丧情绪中，这封急件让人听起来充满了希望："父亲般的沙皇！我从西伯利亚回来了，我想带给你一个圣西蒙·维克霍图斯基的画像，他是在我们那里享有很高声誉的圣人。请坚信，这位圣人将会保佑你生命中的每一天，并将帮助你为人民的幸福安康而努力。"

西蒙（1607—1642）是乌拉尔的守护神。对于尼古拉而言，他生平中唯一有意义的事情就是，这位正义者是在"动荡时期"

出生的。那个时期恰好处于罗瑞克王朝和罗曼诺夫王朝之间经历风雨如磐的血腥动荡时期的中心，后人为他写了一部圣徒传记。他的凡人遗骸，甚至是他墓地的泥土都受到了参拜。按照当时的虔诚传统，这些泥土可以治愈皮肤疾病。这可能是由当时情况决定的：尼古拉统治时期也是"混乱的时代"，而他本人也信仰神医，这不仅仅是因为他的帝国长期处于患病状态，也是因为他本人的悲剧。他的儿子和王位的"天生"继承人阿列克谢是一名血友病患者，这是一种至今仍无法治愈的疾病。但是局限于当时的医疗技术水平，他时刻都处于极度危险之中。因此拉斯普京的电报派上了用场，这个时间几乎可以说得上是天时地利人和。1905年11月1日，沙皇在日记中写道："4点钟，我们一起去……米利卡和斯塔娜那里喝茶。① 我们在那儿遇到了一个圣人——来自托博尔斯克地区的格里戈里。"

---

① 被称为"黑女人"的斯塔娜（阿纳斯塔西娅）和米莉莎是黑山大公（"黑山王国国王"）尼古拉一世的女儿。因此，斯塔娜作为"尼古拉沙"大公的妻子对沙皇家族具有一定的影响力。这两位大公夫人都沉迷于通灵或以神迹治病等传统迷信活动。

第五章

帝国抑或家庭——一场希腊式的悲剧

一系列的恐怖袭击、满洲地区的败绩、全国各地的农民起义以及大城市里大规模的罢工，甚至对即将到来的世界末日的预期，都无法改变尼古拉个人对其家人的忧心忡忡。主要是他们之间的亲密关系与帝国的道德标准不甚相符。由此而产生的问题也让沙皇头痛不已，它们带给他的痛苦正如远东某个地方的舰队被摧毁，或者是眼皮底下发生的无产阶级的抗议活动所造成的麻烦一样——而抗议地点离皇村仅有 20 公里的距离。

　　1904 年春天，尼古拉二世 4 个叔叔中唯一一位从未在任何政治问题上给他施加过压力的帕维尔大公，从巴黎回到彼得堡，他此行的主要目的是探望他第一次婚姻中的两个孩子。尼古拉允许他再次见到孩子们，但条件是，不允许叔叔的第二任妻子奥尔加·冯·皮斯托克尔斯陪同。就传统的宫廷习俗而言，她有两项缺陷无法被人接受：第一是作为一位曾经的德籍俄国将军的"资产阶级"妻子，她配不上大公；第二是她与这位将军生下 4 个孩子后离婚，她不配成为罗曼诺夫家庭成员的妻子。

　　即使帕维尔没有不幸成为大公，他也应该能够按照世俗的方式和她结婚。在他的第一任妻子，一位非常年轻的希腊公主，于 1891 年因儿子的早产而去世后，他成了鳏夫。她的两个孩子被帕维尔的兄弟谢尔盖大公和他的妻子伊丽莎白（艾拉）收养，因为他们没有孩子。然而，尼古拉拒绝了渴望第二次婚姻的帕维尔叔叔。1902 年，大公与他的奥尔加在利沃诺结婚后，被驱逐到了巴黎。1905 年 2 月，在谢尔盖大公被暗杀之后，寡妇艾拉移居到一座修道院。现在，沙皇直接接管了两个孩子的抚养权。仅仅几年后，尼古拉就与他的叔叔帕维尔和解了，并允许他与之前被忽视的门第不当的妻子奥尔加移居皇村，她也在此期间被封为"帕莱杰女侯爵"。这样做的目的是为了让他们参与承担帝国的命运，直至悲惨结局的来临①。

在不幸过世的希腊公主的葬礼上，15 岁的基里尔大公和同龄的在皇族内部被昵称为"小鸭子"的萨克森－科堡和哥达的维多利亚·梅利塔公主相遇了。两人之间迸发了孩子间的无望爱情。一方面，他们是堂兄妹，这既不符合沙皇王朝也不符合民主俄国的法规。另一方面，小维多利亚是维多利亚女皇最喜欢的孙女之一。在为"小鸭子"寻找适合的配偶时，英国女王意属她的孙子黑森－达姆施塔特的恩斯特·路德维希大公。顺带一提，他也是皇后的兄弟。当这场婚姻因男方背叛通奸而离婚时——当然是在可怕的"欧洲祖母"去世之后——理论上，基里尔和"小鸭子"之间的感情交流就没有任何障碍了。但是，他们还面临着因为帝国传统而存在的阻力以及来自狂热坚守东正教信条的皇后亚历山德拉的严重抗议。她逼迫尼古拉将不服管教的俄罗斯海军总司令基里尔派往远东参与战争。在那里，他几乎在一场海战中丧生。回国后，他请求沙皇堂兄允许他前往德国接受治疗。

基里尔和"小鸭子"在特格尔恩湖边的一座俄式小教堂里秘密结婚的消息就像炸弹爆炸一样冲击了圣彼得堡。因为审查制度

① 帕维尔被布尔什维克绑架至彼得－保罗要塞作为人质，并于 1919 年 1 月 29 日被枪杀，这在表面上被称为是对卡尔·李卜克内西和罗莎·卢森堡遭受的谋杀而进行的报复。

被取消，这起丑闻被迫向公众公开。康斯坦丁大公在1905年10月上旬的日记中写道："正如我所听说的一样，基里尔已经结婚了。在有意识地违背了沙皇的禁令之后，对他来说没有什么比去忏悔更为紧急的事情了。但是沙皇不想接见他，并让宫廷事务总管弗里德里希斯告知基里尔，他被剥夺了大公头衔，不再从他的俸禄中获得任何收入，同时也被卸去军职。我认为基里尔必须为此全权负责。他不但没有躲避那个他所爱的，但是没有获得任何权利和允许与之结婚的女人，反而一直和她待在一起，甚至超过一年的时间。"此外，沙皇命令基里尔立即离开前往巴黎。毫无疑问，最痛苦的制裁是取消了他的俸禄——毕竟这项俸禄每年有20万卢布，这足够让他们过上奢侈的生活。当然这个制裁也不至于让他们饿死：基里尔的父亲弗拉基米尔大公不得不为那桩不忠的婚姻买单，直到尼古拉的心软了一点，基里尔才被允许回到圣彼得堡。

同一时期，住在彼得堡皇宫的黑山公主斯塔娜（阿纳斯塔西娅）提交了离婚申请，以终止与丈夫——勒赫滕贝格的乔治公爵——的伴侣关系。这场有两个孩子的婚姻是在亚历山大三世的推动下达成的，而且众所周知的不幸福——实际上，公爵一直生活在巴黎。如果不是被当作老光棍的尼古拉·尼古拉耶维奇（"尼古拉沙"）突发奇想，要将他与斯塔娜众所周知的私情在上帝面前合法化的话，从帝国的角度来说离婚应该是可以被允许的。康斯坦丁大公对此深感震惊："如果允许这桩婚事，这就会打破所有教会的惯例。在这样的黑暗时期，家族内部的离婚是不祥而且令人痛惜的。"奇怪的是，沙皇宽容了尼古拉沙的离经叛道，当然，只有在他得到东正教大主教担保之后。因为如果长期分居，配偶中的一方可以被允许离婚。条件则是，不能以引人注目的方式结婚。因此，婚礼只在克里米亚的亲密家庭圈子中举行。在这种情况下，桑德罗大公扮演了在道义上表达愤怒的角色，他拒绝给大伯发贺电表示庆祝。

  尼古拉二世最小的弟弟米哈伊尔大公的私生活也丰富多彩。23岁时，他爱上了母亲的年轻侍女"狄娜"，但不得不屈从于巨大的压力而无法结婚。5年后，他沉迷于一段更加危险刺激的激情。他断定，他的命运与资产阶级的——可怕的说法——离过两次婚的娜塔莉亚·沃弗特紧密地联系在一起。在尼古拉严厉地拒绝了他的请求后，大公与他的情人一起逃到国外。暗探局的特工一直紧跟其后——毕竟，这关乎于俄罗斯帝国潜在的摄政王。他们确切地记录了他是如何从等候在圣彼得堡火车站的副官手中拿走一个装满现金的厚皮箱，如何途经柏林、慕尼黑和萨尔斯堡的一家到另一家酒店而最终到达巴特基辛根的，娜塔莉亚在那里等他并一起前往维也纳。他们在那儿的一座小塞尔维亚教堂里举行了婚礼。随后是到戛纳的蜜月旅行——当然并非独自旅行，而是正如特工所报道的那样，和"随行人员"一起，这些人是为了照顾沃弗特夫人的两个小孩而陪伴在左右的。沙皇对这种明目张胆的反抗几乎无能为力。因为，与平民结婚而被逮捕在欧洲是难以想象的，其他高压手段则有可能会激起不可估量的反应，正如哈布斯堡王储鲁道夫的悲剧一样：1881年，他与"不般配"的情人玛丽·维特拉一起自杀身亡。所以，唯一能做的就只能是像沙皇母亲对绝望的尼古拉所说的一样："我唯一的要求就是保密。"

保密——这是帝国内部对抗触犯禁律唯一的，即使不是特别安全的武器。列夫·托尔斯泰的小说《安娜·卡列尼娜》里的第一章也折射了罗曼诺夫家族的情况：所有幸福的家庭都是相似的；但每个不幸的家庭都会有自己不幸的方式。[①] 离婚是承认被教会所允许的合法化关系站不住脚，而且通常被认为是应当受到谴责的。统计数据表明，在1905年的俄国，每千对婚姻中只有一对离婚——在德国，这一数字至少是俄国的两倍。与其他欧洲国家相比，沙皇俄国的离婚率相对较低，这主要是由于缺乏民事解决条例而无法通过双方协议后批准离婚。而教会批准的离婚则需要找出有罪方，而且造成离婚事件的罪人也不允许再次结婚。事实上，比实际操作时所面对的阻碍更为重要的是大众的看法，人们会揣测离婚的某一方应该存在有伤风化的行为。因此，即使是普通公民离婚，也会遭受可疑的目光——对于公众人士，尤其是"君权神授"而控制俄罗斯帝国的皇室成员而言更是如此。他们有必要成为一个幸福婚姻的典范，或者至少假装有这种婚姻状况。

对于后一种态度，康斯坦丁大公作了榜样。这位1858年出生的兼顾抒情诗人和翻译家的步兵将军，被认为是德国公主及萨克森－阿尔腾堡的玛丽亚女大公（结婚后为俄籍）的模范丈夫，两人婚后共生了9个孩子。康斯坦丁是且一直是帝国美德的严格守护者。只有在过世90周年后才被出版发行的日记里（如果这本日记是他所写的话），泄漏了为了始终不渝地维系这一道德标

---

① 也许谢尔盖大公不让他的妻子艾拉阅读《安娜·卡列尼娜》，是为了避免她产生一些见解与看法。

准所付出的高昂代价。大公对年轻男人有格外的喜好，但是，只有在偶然的相识中才能满足这一嗜好，例如在蒸汽浴室中。这是他的一些忏悔之词：

1902年9月17日。"我是如此的幸福，现在，我终于能将我的良心从前往伏尔加河畔旅行途中所承担的罪恶感中解放出来。当时，我没有因为上帝让我重新恢复正常而感恩，反而是故意背道而驰。我再次下定决心要摆脱自己的罪恶。" 1903年12月28日："我完全沉迷于我的秘密恶习……我已经不再年轻，已婚，有7个孩子。难道改变自己，让自己变得更好真的如此不切实际吗？" 1904年2月14日："我犯罪了，我变得越来越腐朽。我应得到上帝的怒火，但我却得到了上帝给予的好处。我的罪恶无人知晓，人们爱我、称赞我、鼓励我，我的生活很幸福，我有一位美丽的妻子和可爱的孩子们。我为什么不能结束这一切呢？"人性的、太过人性的悲哀。但是，"我的生活很幸福"这种说法听起来是错误的。他到底想向谁撒谎，是后代抑或是他本人？

当然，尼古拉也知道，并不是皇室里所有的男人和女人都是无辜的。甚至一些俄国沙皇都默许自己享有与宫廷道德准则相去甚远的自由。与自由派的亚历山大二世一样，大独裁者尼古拉一世也与宫廷贵妇发生过婚外关系，而且都留下了"非法"孩子。亚历山大二世，这位"解放者沙皇"，在他妻子还活着的时候[①]就将年轻的叶卡捷琳娜·多尔戈鲁科娃安置在冬宫的一处翼楼里。

---

①在第七个孩子出生后，医生们都紧急建议时年34岁的皇后不要再进行亲密行为。

在他成为鳏夫后，甚至和他的爱人结成了不匹配的婚姻。直到亚历山大三世时，他才引入更严格的规矩并亲自遵守。即便是宫廷里最令人厌恶的阴谋家也不能指责他在婚姻上有任何不忠的行为。而至于托尔斯泰的家庭是否会被算作幸福的家庭，可以暂时不去讨论它。

尤其是在那些为尼古拉二世辩解的文献中，他是一位传奇性的好丈夫和好父亲。这似乎可以从他和他的妻子阿丽克丝之间频繁的书信往来中得到佐证。他们的爱是相互的，沙皇害羞而被动地表达了他的感觉，而阿丽克丝则公开表达了她的爱和占有欲。甚至在婚礼之前，她就开玩笑地威胁要"狠狠地抚摸"她的爱人，并"用深吻吻住他"。同时，她也善妒。1902年夏天，沙皇因为一次宏伟的军事演习在库尔斯克逗留时，她在每天由信使寄出的一封信中嘲笑道："我看见你在我的面前，在一群疲惫不堪的女士们的包围中，你是如何喝茶的。我了解你因为害羞所表现的美丽表情，这让你甜美的眼睛更加具备危险性。我敢肯定，许多人的心脏会因此而更快地跳动，你这个老坏蛋！我要知道，你会戴着蓝色的眼镜，用它把那些狂蜂浪蝶从我危险的丈夫身边甩开。"

幸运的是，英俊而迷人的沙皇不是卡萨诺瓦[1]，而阿丽克丝独占沙皇的野心仅仅受到一个人的影响。那就是尼古拉的母亲，

---

① 贾科莫·卡萨诺瓦，是极富传奇色彩的意大利冒险家、作家、"追寻女色的风流才子"，18世纪享誉欧洲的大情圣。——译者注

沙皇的遗孀玛丽亚·费奥多罗芙娜。作为丹麦的达玛尔公主，她和阿丽克丝一样，为了归属于当时世界上最强的帝国，远离了她的所信仰的新教和祖国。毫无疑问，沙皇的母亲和她的媳妇从一开始就带着怀疑的眼光审视彼此，并且，仅仅因为礼节，她们才将日益增长的对立情绪稍加掩盖。这位老妇人感到被自己的儿子忽视了，私底下母子间的谈话也消逝不见。显然，她与女儿谢妮娅谈起了这件事，谢妮娅巧妙地写信给尼古拉："彼此之间唯一可能拥有更多闲暇的地方是彼得宫城，但是你也很少能够单独和妈妈待在一起——如果你踏进那里的话，其他所有人肯定也在那里了。你们之间就无法进行对话了。"所有人——这种概括至少包括了阿丽克丝。

皇族内部变得越来越支离破碎，但帝国仍然维系着它的辉煌。1903 年，根据谢妮娅丈夫桑德罗大公在他的回忆录中所记载的："整个圣彼得堡都在冬宫跳舞。"这是一个历史悠久的化装舞会，写在手工纸上的邀请函要求参加者们穿着 17 世纪的服装现身，因为"在这样的一个夜晚，尼基希望能重回我们家族的辉煌过往"。相应的，沙皇夫妇扮作了罗曼诺夫王朝的第一任沙皇和皇后。"阿丽克丝看上去真正是令人叹为观止"，桑德罗在 1931 年流放到蔚蓝海岸时回忆道："但显然，尼基还不够高，无法充分展示他伟大的着装。"没有人意识到抑或是不想知道，这会不会有可能是在罗曼诺夫宫殿里举办的最后一场舞会。

托尔斯泰关于家庭幸福和不幸的至理名言不能直接转移到沙皇王朝。安娜·卡列尼娜、阿列克谢·卡列宁、沃伦斯基伯爵和其他贵族、大地主和高级官员们也经历了他们各自的痛苦、冲突和分裂，但是，他们只需要对自己的后代们负责。相反的，罗曼诺夫家族内部的争执危及这一帝国作为道德机构的存在——当然，这是沙皇的看法。"我们与亲戚的关系越密切"，1902年10月，基里尔大公事件发生时，他在写给母亲的信中说："惩罚就必须更加严格。不是吗，亲爱的妈妈？皇室法令规定，禁止近亲结婚，而且没有经过允许的婚姻是不能当作事实婚姻的。"否则的话，"所有居住在巴黎的皇族人员将与他们半合法和非法的妻子生活在一起。"最后，尼古拉回忆起了他的父亲：

"他这一生所做的神圣榜样，以及他以他的统治为俄国和整个家族所做的不懈努力难道没有白费吗？"这个反问句说明，至少沙皇模糊了俄国日益混乱的局势和统治者家族四分五裂状况之间的关联。但是，正如他实际上毫无办法只能袖手旁观帝国的危机一样，他也无法解决混乱的家庭关系。在这件事情上，尼古拉所能做到的最大努力就是树立一个积极的榜样。但万万想不到，就在这一努力中，他和他的妻子陷入了厄运。

上帝赐予人类第一对夫妻的圣经命令就是"繁衍生息"！这对于帝国体制来说也是国家至上原则的一部分。此外，人们希望男性成为王位继承者，只有在缺少王储的情况下女性才有机会继承大业。俄国伟大的统治者叶卡捷琳娜二世为了成功登基也必须要扫除她加冕路上的两个障碍，即她的丈夫彼得三世以及年轻的伊凡六世。这也使得与她私交甚好的法国启蒙思想家达兰贝尔在给伏尔泰的一封信中表达了强烈不满："哲学太不应该为有如此的门徒而感到骄傲。" 叶卡捷琳娜过世后，被她恶劣对待的儿子帕维尔进行了一项改革，其内容是只允许男性后代继承皇位。就尼古拉二世而言，这意味着只要他和他的妻子生不出男性继任人，他的弟弟格里戈里就被当作是王位潜在的合法继承人。但是，在格里戈里大公很早就死于结核病，之后米哈伊尔大公（米沙）就取代了他的位置。然而，沙皇迫切期待的当然是"最自然"的可能性：一位男性皇储。

1895 年 11 月，当第一个孩子奥尔加出生时，他们发自内心的喜悦。"当我们的女儿洗澡时，我就在那里"，尼古拉在他的日记中写道："我简直不敢相信，这真的是我们的孩子！天哪，这是多么的幸福啊！"一年半后，塔季扬娜出生了。尼古拉的日记中记载："我们家庭生活中的第二个幸福的日子：今天早晨 10 点 40 分，上帝赐予我们一个女儿——塔季扬娜。她重 8 磅，长 54 厘米，妈妈和谢妮娅一起来了，我们一起吃午饭。"当时已有 5 个儿子的康斯坦丁大公，对此事件的评论却不那么兴奋："这个消息很快就传开了，每个人都非常失望，因为他们希望有一个儿子。" 1899 年 6 月，沙皇又写道："主赐予了我们的第三个女儿——玛丽亚。最亲密的家人们聚集在教堂里唱赞美诗。和妈妈一起喝茶。"

现在，连最亲近的家人们都开始产生怀疑。谢妮娅貌似对嫂子轻松的生产过程感到宽慰，她补充道："但是，这不是一个儿子，真令人失望！可怜的阿丽克丝！当然，无论如何我们都很高兴——无论是儿子还是女儿！""无论如何"，也许在每个简单的家庭或每个共和国中都会如此，但对俄罗斯帝国来说却并非如此。康斯坦丁注意到了政治上的担忧："这个消息将使整个俄国失望。"与此同时，关键人物维多利亚女王也加入了失望者的阵营，她甚至没有向第三个女儿的父亲表达高兴："我很感激，亲爱的阿丽克丝恢复得很好，但对这个国家来说，第三个女孩出生实在可惜。"① 维多利亚应该没有经历她最喜爱的孙女的第四个女儿的出生。

小女儿阿纳斯塔西娅于 1901 年 6 月出生。大公夫人谢妮娅收到她的母亲，即沙皇寡母的电报时，她正逗留在塞瓦斯托波尔附近的"塔玛拉"号游艇上："阿丽克丝又生了一个女儿！"这听起来像是在指责。谢妮娅不禁叫道："我的上帝啊，真令人失望！第四个女孩！"而她自己是 4 个儿子和 1 个女儿的母亲。康斯坦丁大公甚至还提到了造物主："主啊，请原谅我们吧！如果我们大家感到是失望而不是喜悦，那仅仅只是因为我们太期待一个男孩了。"

我们不知道，这些沮丧的言论中有多少传到了沙皇夫妇的耳朵里，以及他们是如何谈论这个问题的——他们的书信往来和尼古拉的日记都没有提供任何线索。但是，他们理应感受到了这种期待的压力。阿纳斯塔西娅出生后不久，皇后身上就再次出现了

---

① 作为九个孩子的母亲，维多利亚女王在她自己作为母亲这一方面表现得极为清醒。当她的女儿维基——普鲁士国王弗里德里希三世的妻子——在首次怀孕时与她分享这一喜悦时，她回答说："你关于孕育一个新生命的话听起来当然不算坏，亲爱的，但是老实说，这对于我来说是无法理解的。我想得更多的还是，我们在这样的时刻就像一头牛或者一只母狗一样。"（1859）

一种"神圣的状态"。这一消息传了出去，并唤起了大家对于皇储新的希望。这种状况持续了9个月之久，直到事实证明是假怀孕。根据目前的知识水平可以断定，这种现象的出现归因于心理原因，例如，强烈的愿望或精神焦虑症。但是无论如何，在生了四个孩子之后，皇后就已经耗尽了她所有的力气。她极度渴望一个儿子，并为此在与遗传学的斗争中寻求一种解决方案。

一位来自里昂的圣人尼季耶·安泰尔姆·菲利普通过黑山公主米利卡和斯塔娜进入了宫廷圈子。属于斯塔娜丈夫尼古拉沙大公的彼得宫城城堡的兹纳梅卡庄园被认为是精神学和神秘学的中心。费利克斯·尤苏波夫王子在其回忆录中记载了米利卡信仰菲利普先生的奇闻逸事，他本人作为15年后杀死圣人格里戈里·拉斯普京的凶手被载入俄国史册："有一天，当我父亲在克里米亚半岛的沙滩上散步时，他遇见了女大公米利卡，后者正与一个陌生人在一起开车。我父亲向她鞠躬致敬，但她没有回应。几天后，他碰巧遇见她时问她，为什么不理他。'您根本不可能看到我'，女大公说，'我正和菲利普博士在一起，当他戴上帽子时，他和与他在一起的人都是不可见的。'"如果这个描述符合事实，那么至少可以证明法国人的能力，他可以让令人难以置信的事情变得可信，或者仅仅是让他的病人下定决心，将难以置信的事当作是真的。

菲利普于1901年和1902年拜访了皇宫。至于他的法术，索菲·冯·布克斯赫夫登男爵夫人证明他是用通灵的方法和通过祷告进行治疗。无论如何，正如宫廷侍女在回忆录中所写的那样，

"1902年，他向皇后许诺，她将得到渴望中的儿子。最初预言并未实现。1902年9月，官方的告示表明皇后的希望没有实现。"①如果我们理解正确，那么菲利普的承诺引发了皇后的伪怀孕。当然，他的关注也扩展到了沙皇身上。1901年秋天，当阿丽克丝在彼得宫城忙于照顾孩子们的时候，尼古拉作为表兄威廉的客人参加了在但泽举行的一次军事演习，而菲利普先生则逗留在他的家乡里昂，他与沙皇夫妇约定了一个共同的时间点——"别忘了，星期六晚上，大约在22点30分左右"，皇后告诫她的丈夫——目的是为了"让我们所有的想法一起涌向里昂"，她补充道："自从我们认识他以来，我们的生活变得多么的丰富啊！"——"他"，被称为"我们的朋友"，这是这位圣人在与夫妻两人的私人交往中获得的头衔，在菲利普于1905年去世后无缝地传递给了拉斯普京。

沙皇夫妇与神秘主义者之间的接触令亲密的家人和俄国政客都深感不安。艾拉女大公坚定地站在妹妹一方。谢妮娅女大公写信给她的朋友欧博伦斯卡嘉，后者是沙皇寡母的女侍："我们将不再保持沉默，他们现在完全受到他的影响。我有很多话要说，但我不想写出来。"最后一句话有可能是毫无根据的恐惧，害怕秘密警察会读他们的信。实际上，暗探局在这之后已经打听到了菲利普的信息。她收到了特工报告，证明他并没有接受过任何医学教育，而且在过去，他作为圣人而采取的行为也受到了来自警

---

① 在媒体上公布的医学报道是令人困惑的："几个月前，皇后陛下的状况……变化表明她已经怀孕了。然而出现了一些偏差，怀孕中断并导致了流产……"

方的警告。为了他能够得到法国的博士学位，尼古拉所做的谨慎努力遭到了礼貌的拒绝。同样，如果没有进行相应的审查，俄国的医生们也决不会认同这位圣人的职业。但是奇迹——还是我们称之为巧合？——尽管比预期晚也和菲利普的努力毫无关系，事情仍然发生了。在俄国最黑暗的时刻[①]，王位继承人阿列克谢·尼古拉耶维奇于 1904 年 7 月 30 日（8 月 12 日）看见了世界的曙光。欢乐和悲伤混合在当事人和时代目击者的反应中：

尼古拉（日记）：伟大而难忘的一天！在这一天，我们明确接受了上帝的恩典。我已经没有任何语言可以表达对上帝的感谢，是他在这么痛苦的考验中给我们带来了安慰！

阿丽克丝（写给尼古拉）
人们清楚地知道，为什么上帝会在这一年把他带来给我们，他是一缕真正的阳光。上帝没有忘记我们，这是真的。

奥尔加（沙皇妹妹，在她的回忆录里）
它发生在对日战争期间。因为发生在满洲地区的所有灾难令这个国家真正陷入了沮丧之中。但是我还记得，当消息发布时，人们看起来是多么的幸福。

康斯坦丁（于 8 月 2 日）

[①] 日本海军上将东乡平八朗在这些天内对黄海海域的俄国舰队发动了全面进攻。只有少数装甲舰——其中包括"皇太子"号战舰——得以成功突围。

5点钟的时候，我和我的妻子拜访了皇太后并与她一起喝茶。她对皇储的诞生感到非常高兴，但同时因为我们舰队的消息而再次感到痛苦和悲伤。前任的皇位继承人米沙也在那里，他满怀幸福，因为他终于不再需要继承皇位。

玛丽亚·帕夫洛芙娜（尼古拉叔叔帕维尔的女儿，当时14岁，在她的回忆录里）

为了表彰同期在遥远的满洲地区作战的军队，所有参战者都被任命为年轻王子的教父。①

谢妮娅：我们去拜访了阿丽克丝，当时小男孩正在那里洗澡。他是一个出奇有力的婴儿，胸膛像桶一样，整个人具有战士的魅力。阿列克谢的出生是一项卓越的政治成果，对欧洲来说也传达了一个信息。因为在欧洲的各个王国里，男性继承人的延续在传统意义上被视为稳定的因素。在消极意义上来说，会由此而引发继承权战争，尤其是在普鲁士和奥地利之间爆发的战争，目的是为了实现玛丽亚·特蕾莎女儿的继位权。②如今，除了无数贺电外，幸福的父亲尼古拉二世收到了一封信和一份礼物，这是威廉二世的兄弟，普鲁士的海因里希转交给他的："你可以想象，当我们读你的电报时，我们有多高兴……愿他成长为一个勇敢的士兵和

---

① 同时，沙皇请他的表兄威廉二世作为阿列克谢的教父，这是一种颇具外交意义的口是心非之辞。

② 作为16个孩子母亲的——其中有6名在她在世期间过世——皇后敦促她的女儿玛丽·安托瓦内特——路易十六的妻子——尽快根据哈布斯堡王朝联姻政策（"你，幸福的奥地利，结婚去吧！"）而生下一个王位继承人的信中写道："我们绝对需要一位王位继承者，一位皇太子。"

一个睿智且强大的统治者。愿他对你们俩永远都像阳光一样，就像在这个艰难时刻一样！与信附上一个杯子，这是我送给我小教子的礼物，正如我所希望的一样，当牛奶再也不能满足他男人式的口渴时，他会想起来用到它！……用我们伟大的改革家马丁·路德的经典名言来作为结束吧：'如果谁不爱酒、不爱女人、不爱歌唱的话，那他终其一生都将是个傻瓜。'"然而，作为对普鲁士人的这种舒心之语的补充，威廉却忍不住挖苦道："战争的进行对您的陆军和海军来说压力极大……"

命运从来都和理智无关。当时皇后得知她姐姐艾琳最小的儿子，4岁的海因里希去世的消息时，她正处于第五次怀孕的第四个月。几天前，小男孩跌倒时撞破了头。如果他没有从母亲那里继承血友病的话，这场事故本不应令他死亡。血友病就是谢妮娅所称的"英国家族的可怕疾病"。这是一种基因缺陷所导致的遗传性凝血障碍，由女性遗传，但只有男性直接受到威胁。谢妮娅之所以称它为"英国的"遗传病，是因为首先被诊断出患有这种疾病的人是维多利亚女王的儿子，利奥波德王子，他于1883年早逝。是的，正如美国历史学家罗伯特·K.马西所指的那样，偏偏是她，这位历史上以她名字为标注的道德的守护者导致了这一切的发生："在她的后代中——9个孩子和34个孙子——这个有缺陷的基因扩散了。"这些人中就有小海因里希，普鲁士海因里希的儿子，他属于第一批但绝不是最后一批受害者——就是他把威廉的出生祝福和杯子带到了圣彼得堡。

血友病现象在古埃及已经为人所知。在那里，法老王的妻子一旦生下血友病的孩子后就被禁止再生育。巴比伦人塔木德（Talmud）也警告母亲们："据说，如果她割礼了第一个儿子，而他死了，而第二个同样又死了，那么她就不能再割礼她的第三个儿子了……"尽管这意味着直接违反了贝切米拉，即割礼盟约。阿拉伯医师阿里·宰赫拉威于 11 世纪对血友病就有确切的描述，他将其描述为"病理性怪物"。遗传图谱早在 19 世纪初就已为人所知，并由现代遗传学之父格雷戈·门德尔确认了其遗传规律。在第一本关于这种疾病的专著中（莱比锡，1855），来自卡塞尔的医生兼外科医生约翰·路德维希·格兰迪迪尔的话让人非常沮丧："就治疗而言，尽管我们在面对血友病患者时已经不像在早年那样毫无办法和绝望了，但不幸的是，即使是现在，也没有比阻止血友病患者结婚更好的有效对抗血友病的方法了。"[1] 但这种办法并不适用于皇室内部。

"希腊式"之所以是沙皇家族的悲剧，是因为所有参与其中的人都不得不预见到这一威胁。当初，在给年轻的皇储尼古拉物色合适的结婚对象的时候，他的父亲亚历山大三世已经有所保留地表达了对黑森－达姆施塔特的小公主，即维多利亚女王小孙女的反对意见。仅仅是因为预感到了逐渐临近的死亡，他才同意了这桩婚事。正如所猜测的一样，无子女以及艾拉和谢尔盖大公婚姻中的疑似禁欲可以解释为一种预防措施。但是最迟在小亨利去世之后，皇后必须明白她是"英国疾病"的潜在携带者。她的怀

---

① 尽管血友病通过输血和促凝药物进行治疗似乎很有很大希望，但至今仍被认为是不可治愈的。作者在此对皮特·肯尼迪医生（法兰克福）在提供有关血友病的更多信息方面表示感谢。

孕使她的秘密保留了一个月，"因为她不想让任何人过早地知道"，就像谢妮娅那个听起来并没有让人信服的解释那样。所以，在1904年9月8日这个真相来临的时刻，尼古拉用干巴巴的方式在日记中写道："阿丽克丝和我都很担心，因为小孩子的血从肚脐里流了出来。"

第六章

一段危险的友谊——战事前夕

威廉二世就皇储阿列克谢的诞生写了一封普鲁士风格的祝贺信，这也是德国多年来所奉行的外交策略的一部分，其主要目的是为了争取沙皇作为盟友以对抗法国，从而打破德国在欧洲大陆的孤立地位。为此，他总是直接向表弟表达作为帝王的感受。尼古拉登基后不久的 1895 年 9 月，威廉便在写给沙皇的一封信中警告他："共和国地位的提升已经严重危害到了我们的君主立宪制"——他意指法国。"共和党人"，他继续解释他的请求道："他们是天生的革命者，是理应被枪毙或绞死的人。法兰西共和国源于法国大革命，当然也传播了大革命的思想……请不要忘记，法国总统福尔……坐在'君权神授'的国王和王后的宝座上，而他们的头颅已经被共和党人割下！相信我，尼基：上帝的诅咒终将会落在这群人身上！"

实际上，没有任何一位罗曼诺夫能够无动于衷地不去思考波旁王朝的命运。1793 年 1 月底，当路易十六被斩首的消息传到圣彼得堡时——用时 20 天——叶卡捷琳娜二世陷入了深深的沮丧中。"陛下"，她的秘书亚历山大·查拉珀夫维斯基在日记中写道："变得卧床不起，开始生病和悲伤。"作为回应，俄国中断了和法国的联系。同样，在其他君主制国家，这场处决也引起了悲痛和愤慨。在伦敦的一家剧院，在一位演员读完这个消息后，演出被取消了。在维也纳，法国人被迫流落街头——人们的担心已经成真，玛丽·安托瓦内特皇后，已故玛丽亚·特蕾莎皇后的女儿，现在已经成为断头台这个残酷发明的受害者。

当然，自那次事件以来已经过去了一百多年。在此期间，欧洲政局已经发生了数次变化。其中，1810年，哈布斯堡王朝为了和平准备让玛丽·路易丝公主与拿破仑结婚，拿破仑是他们眼中的宠儿，他不需要依靠"君权神授"来统治世界。政治家的行为不是靠历史回忆，而是由当前的利益决定的。1881年，俾斯麦成功地在德意志帝国、奥匈帝国和俄罗斯帝国之间建立了一个秘密的"三皇同盟"，同盟约定，如果受到第三方势力的攻击，其余两国应保证对其盟国的"友好中立"，即商讨共同的行动方针。但是，圣彼得堡并不觉得自己在这个同盟中处于有利地位——巴尔干半岛上的奥匈帝国阻碍了俄罗斯帝国的泛斯拉夫野心。此外，霍亨索伦王朝和哈布斯堡王朝并没有恪守协议，他们早在1882年就与意大利王国秘密结成了"三国同盟"。尽管他们确实具备明显的反法兰西倾向，但这对俄国而言却已不再具备任何决定性意义。"三国同盟"对沙皇帝国发出了严峻的挑战。

无论如何，沙皇亚历山大三世的崛起对德国来说是可怕的。对他而言，法国越来越可以成为可靠的伙伴。该共和国承受着普法战争中所遭受的灾难性的失败，并惧怕德国战车的再次碾压。作为亲密关系的标志，巴黎向俄国提供了贷款和投资。最后，法国的旗舰"马伦戈"号于1891年停靠在喀琅施塔得的港口进行访问。为此，沙皇登上舰艇，随后在彼得堡举行的宴会上脱帽聆听法国国歌，这使整个欧洲都感受到了真正的震撼。"法国值得一曲马赛曲"①，弗里德里希·恩格斯不无嘲讽地说道。这是沙

---

① 影射亨利四世（1553—1616）说过的一句话。他放弃了加尔文主义信仰，以便在天主教的法国加冕。

皇为于 1894 年 1 月批准的俄法军事协定所迈出的第一步。这绝不是单纯的中立条约，而是一种承诺，目的是为了确保能以足够多的行动来应对可能出现的第三方侵略。[1] 当然，威廉的德意志帝国是潜在的主要对手。所以，感激涕零的法兰西共和国在塞纳河上修建了一座新桥，并以已故的沙皇亚历山大命名，这也就不足为奇了。1894 年 10 月，新沙皇尼古拉二世亲自到场为此桥开工奠基。

康斯坦丁大公在 1899 年 12 月底的日记中写道："昨天是外国的新年，根据德意志皇帝的旨意也是 20 世纪的开端。但是，如果新世纪能开始于 1901 年 1 月 1 日的话，那将是更正确的。"威廉二世通过法令将 20 世纪初年缩短为 365 天，目的是为了在 1901 年 1 月 1 日那天庆祝德意志帝国成立 30 周年的周密计划免受干扰。奇怪的是，这种纪年的方式偏偏引起了一位俄国贵族的注意，他的国家放弃了公元纪年，因此比西方欧洲早 13 天开始了新的世纪。无论哪种方式，如果有人一直在寻找一个日期，能够象征性地将地区分两种纪年方式的话，那么它应该是 1901 年 1 月 22 日（俄国，1 月 9 日）。那天，维多利亚女王在奥斯本宫永远地闭上了她的眼睛。她的灵床边坐满了最亲密的家人，其中也包括威廉二世——他不是以德意志帝国皇帝和普鲁士国王的身份，而是仅仅作为维多利亚的外孙威廉出席。

实际上，在被卡特琳·科雷所称为"君主同盟"的这一团体里，

---

① 在必要情况下，法国应集结 130 万名士兵，俄国应集结 80 万士兵。

女王代表了最后的至高无上的权威和决定性元素。这位强权人物，以其因为在地理上远离大陆而产生的"光荣孤立"所获取的世界霸权为依托，试图远离针对其家族的敌意并在被政府和议会所持续限制的权力范围内实行君主立宪制。无论如何，这个帝国在几个大洲都有很多问题，而且必须在面对其他"传统的"殖民者（法国、荷兰、西班牙和葡萄牙）以及面对被压迫民众争取自由的反抗中捍卫自己的地位。因此，维多利亚女王 63 年统治期的最后阶段恰好发生了针对南非布尔人的战争。欧洲移民的后代在那里建立了两个小国，德兰士瓦共和国和奥兰治自由邦。这两个国家有着令人质疑的运气，他们在地下发现了黄金和钻石。针对这一情况首先爆发了两场战争，大不列颠试图通过战争确保他们在开普殖民地的统治地位。特别是第二场征战（1899—1902）引发了全世界对不列颠政府的愤怒。与 19 世纪 20 年代反对奥斯曼帝国的解放战争中牺牲的希腊人一样，欧洲公众以同样的方式将这些白种的"非洲人"视作受害者和自由英雄。[1] 这种对英雄的哀悼也适用于沙皇俄国。整个俄国都传唱着一首由年轻诗人加利娜根据一首著名民歌的旋律所编写的歌："德兰士瓦，德兰士瓦，我的祖国，/ 你被火焰所包围……"—— 流传范围如此之广，好像唱的不是在遥远大陆上的殖民地，而是他们自己俄国的土地。

这种由布伦人所引发的热情不仅以自由派或社会主义精英为代表，而且还被高层的贵族圈所接受。甚至尼古拉二世也没有冷

---

[1] 很少有人知道或怀疑，勇敢的殖民者对黑人和印度同胞的种族主义态度为后来的种族隔离政权奠定了基础。

落这个小共和国的命运。1899年10月，他写信给妹妹谢妮娅："就像你和桑德罗一样，我全神贯注于英国对德兰士瓦的战争。当我听说布尔人逮捕了两个英国营的士兵时，我发现几乎无法掩饰自己的喜悦……"几天后，他给母亲的一封信中更加明确地表达了自己的立场："我希望这些可怜的人民能够在这场被迫进行的不公正的战争中获得所有可能的胜利。"与此同时，在他写给维多利亚女王的信中却充满了同情，他称她为"亲爱的祖母"："我无法告诉你，我是多么经常地想起你。因为我知道，你因为德兰士瓦的战争而变得多么的紧张而焦虑，而且你的部队不得不忍受他们所遭受的巨大失败。上帝保佑，很快就会有结果！"

的确，人们甚至有可能为这个心软的沙皇开脱，因为他对布尔人的同情和对不列颠统治者的安慰都是真诚的。人们无法从其他资料看出来，他的个人意见是否代表了俄国的帝国利益。俄国在中亚的进攻使沙皇帝国在地理上接近了不列颠的影响范围，特别是在波斯、阿富汗和印度。现在，既然大不列颠显然已陷入困境，尼古拉就产生了一些奇特的希望。

"你知道的，亲爱的，"他对他的妹妹谢妮娅说，"我并不感到骄傲。但是，我也很开心能知道，我现在可能有办法来最终改变在非洲的战争进程。这种办法非常简单——发电报调动驻扎在土耳其斯坦的所有部队往边境行军。就是这样！世界上最强大的士兵都无法阻拦我们，与英国，在它最薄弱的地区，决一死战。"这种天真无耻的吹嘘与沙皇平常一贯的语调大相径庭，只能被解释为一种精神力量。因为大多数关于非洲危机的信件都是在德国写的，大约是在从黑森州的狩猎行宫沃尔夫斯花园前往波茨坦的旅途上。它们看起来有点像沙皇想在风格上使自己与表兄威廉保持一致。

就官方而言，德国皇帝在德兰士瓦危机中表现得相当中立。有一次，维多利亚女王在温莎城堡与孙子喝茶聊天，女王对德国媒体的反英情绪愤慨不已，而后者仅仅表达了对自己国家媒体无约束的自由感到遗憾。这种回避的举动有点厚颜无耻，如果人们仔细斟酌就会发现，威廉早在第一次德兰士瓦战争中就已经对布伦领导人"克鲁格叔叔"表示过同情并登上了所有报纸的头条。当时，"奶奶"维多利亚仅以一句沉闷的"不开心"作为回应。现在，尼古拉想将他的表兄威廉"唆使到英国人身边"。而后者万万没有料到，会因为一个小小的布尔民族而被借故挑起一场与世界上最强的海上帝国的冲突——与英国相比，德国的海军舰队仍处于扩张的起步阶段，他本希望能够借此获取军事上的优势。威廉多次唆使沙皇对抗英国，甚至鼓励俄国愚蠢地尝试让盟友法国参与到可能的反英的德俄联盟中来——最后，不列颠在南非和法国的侵略战争遭受到了明显的抵抗。共和国和岛国在殖民地的斗争也屡见不鲜。但是与法国和德国一起对抗英国，仅仅因为两国对阿尔萨斯－洛林地区的博弈，这就是一个致命的想法。因此，帝国的阴谋不可避免地成为一场外交博弈。

阿尔萨斯于法国就相当于 1864 年德国－丹麦战争中丹麦所失去的北石勒苏益格对于丹麦的意义一样——是一个公开且难以愈合的伤口。当时的这场灾难也使某些亲密的关系蒙上了阴影。

因此，据俄国驻哥本哈根大使伊斯沃斯基的一份机密报告标明，沙皇寡母玛丽亚·费奥多罗芙娜，这位原本的丹麦公主，对"德国人的一切都感到厌恶"。她的反感如此强烈，以至于当她想探望父母时，宁愿乘坐游艇穿越波罗的海，目的就是为了避免踏入日耳曼的领土。然而，丹麦宫廷却不得不屈从于国际惯例，接受威廉二世作为他们虽然不是特别友善但相对亲近的亲戚。起因之一就是尼古拉挚爱的外祖父，丹麦国王克里斯蒂安九世的生日。

后者于1903年造访了波茨坦。作为礼尚往来，德国皇帝于1905年登上了以他的名字命名的德国豪华游艇"威廉二世"号前往丹麦。为此，他穿着丹麦海军上将的制服，而年迈的丹麦国王则身着普鲁士长枪兵团的制服。这种形式的装扮属于君主规约，而皇帝拥有完整的欧洲制服集合。威廉对这次访问感到完全满意："我在你外祖父那里度过了美好的时光"，他在1905年夏天发电报告诉尼古拉。"你亲爱的外祖父非常仁慈。整个皇室家族所做的一切令我感觉就像在家里一样。"沙皇将这份电报的副本转交给了他的妻子阿丽克丝，她看到了上面尖刻的评语："终于，他秘密梦想成真了，他打入了丹麦的家庭圈。现在他感到无与伦比的满足！"

两位加冕的表兄弟之间私下却是互不尊重。威廉在背后将尼古拉描述为"弱者""头脑简单的人"和"好哭鬼"，他完全被女性掌握在手中。反之亦然，尼古拉称威廉为喜欢玩"危险游戏"的"无聊的人"，因为他虽然只比沙皇大十岁，但是在他长篇大论的信里总是充满了类似于父亲般循循善诱的意见和建议。阿丽克丝轻蔑地评论了她强大的普鲁士亲戚："他认为自己是个超人，但他基本上只是个小丑。"只要维多利亚还活着，德国孙子都会在她面前诋毁他的俄国表弟。因此，他对"奶奶"描述了沙皇与阿富汗埃米尔阿卜杜拉赫曼达成的所谓的联盟，并将它解释为是针对英国的阴谋。至于女王是否相信这个谣言，这是一个悬而未决的问题。无论如何，她随即写信告诫沙皇——也许只是出于本能的对"分裂与反抗"的反应。

但是现在维多利亚已经过世了，两个亲属关系最密切的君主尼古拉和威廉都没有继承她的地位。在他们所领导下的庞大帝国里，现代化的冲击使得封建体制越来越不合时宜。用纯粹的"血统"来说，他们中没有任何一个人，更不用说他们的家庭成员，可以用国家的名义行使他们的权力并将责任完全推给这个国家。他们彼此之间用英语相互交流，而外交上则以法语为主，他们的教育是国际化的。

不同的是他们的合法地位问题。即便在俾斯麦式的君主立宪制框架内，德国皇帝仍然拥有极大的权力。因此，他可以任命或撤换总理，并在帝国总理连署下缔结有效的国际条约。同时，他也不得不考虑德国国会的意见，尽管采取了压制性措施，但它也代表了日益强大的工人运动的呼声。自1874年以来实行无审查制的新闻界也是君主个人影响力的一种障碍，它从来没有停止过对于最高君权以及皇帝身边人的批评。然而，俄罗斯帝国却并非如此，迄今为止还没有任何一部宪法对于君权有明确的限定。直至1905年，作为革命的结果，俄国才进行议会选举，同时废除了审查制。在这里，沙皇决定亲自任命和更换总理及大臣，而这个因为审查制而受限制的议会（国家杜马）并不具备立法职能。像英国那样，对君主职能及其权限确切的描述在德国和俄国都不存在。

威廉二世利用了这个法律的漏洞。1905 年，在一次纯私人的会谈中，他向表弟建议可以商讨制订共同计划来反抗"英日的狂妄"。鉴于战争的状况以及越来越多的革命动乱，沙皇并不准备离开圣彼得堡。所以，1905 年 7 月，这两位统治者在芬兰，同样也隶属于俄罗斯帝国的比约克峡湾的公海上进行了会谈。威廉乘坐"霍亨索伦"号游艇前往，尼古拉则乘坐"标准"号游艇前往会合处。一起吃早餐时，德国皇帝从口袋里拿出一张纸并阅读上面的文字。这是德意志帝国和俄罗斯帝国之间所签署的"保护与防御同盟条约"[1]的草稿。协议的第一点要求，"如果欧洲某个国家（'欧洲内部'）发动了进攻"，缔约的另一方承诺动用所有陆军和海军部队加以援助。第二点规定，在这种情况下，绝不允许缔约国的任何一方与对手单独媾和。第三点确定，条约仅在日俄战争结束后才生效。最后的第四点规定，"所有俄国人的沙皇"应在条约生效后，将其内容通知法国，并应向法国提供加入同盟的机会。

"非常好。我同意。"沙皇说，德国皇帝回答说："如果你

---

[1] 即《比约克条约》。——译者注

立即签字的话，那这将是我们这场会谈一个很好的纪念。"①尼古拉在纸上亲笔签名，威廉也是——他的眼睛里应该沾满了喜悦的泪光。德国方面的会签人是外交官冯·奇尔施基，俄国方面则是担任海事大臣的海军上将比利列夫。德国和俄国政府事先都没有收到两国统治者的决定。认为自己是尼古拉亲信的谢尔盖·维特则大吃一惊。与比利列夫的对话中，他首先试图弄清附带的情况。

维特：您知道您在比约克签署了什么吗？

比利列夫：不，我不知道。我不否认，有可能我签署了一个非常重要的文件，但是我对它的内容一无所知。

他在接下来的谈话中描述了这一切是怎么发生的。沙皇把他叫到船舱询问：

"阿列克谢·阿列克谢耶维奇，您相信我吗？"当比利列夫肯定回答时，尼古拉说："在这种情况下，我请您签署这份文件。如您所见，我和德国皇帝都已经签署了它。一位称职的德国人也在上面签下了自己的名字。现在，德国皇帝希望得到我的一位大臣的确认。"因此，他没有多说就在文件上签下了自己的名字。文件花了一段时间才到达俄国外交大臣兰姆斯多夫的手中，后者转交给维特并在上面批注："请您读读这篇出色的著作。"

---

① 根据罗伯特·马西的说法。

就外交上而言，《比约克条约》极其荒谬，并不仅仅是因为它形式上的错误。俄国和法国是在 1894 年由亚历山大三世签署条约而结成同盟。双方承诺在发生第三国袭击时互相提供军事援助。就法国而言，潜在第三国只可能是德国。然而在 1904 年，法兰西共和国与英国签订了所谓的《英法协约》①。法国不可能加入新的德俄同盟，不仅是因为这个既成的事实，也是由于受到德意志帝国的严峻威胁。对俄国来说尤其不利的条件是，该同盟只能在与日本达成和平条约后才生效，而德意志帝国的声援却只应适用于"欧洲内部"。

为什么尼古拉在没有咨询专业人士的情况下参与了表兄这场出色的演出并签署了这份不合理的协议呢？一方面，他感到自己有责任感谢德国，因为德意志帝国在对日战争中为俄国舰队提供了燃料。同时，沙皇被英国对日本的友好态度所激怒。当时，正如维特所证实的那样，沙皇把英国视为俄国的死敌。为此，他认为犹太人（俄语"Shidy"）②和英国人之间没有任何区别。而与此同时，不列颠政府却打算在与俄国的关系上翻开新的篇章，以放慢沙俄帝国靠近德意志帝国的脚步。无论如何，俄国外交大臣告诉沙皇陛下，该条约是站不住脚且无效的。沙皇对此闷闷不乐。兰姆斯多夫应该尝到了一丝屈辱的滋味，因为尼古拉就是这样对

---

① 英法协约是指 1904 年 4 月 8 日英国和法国签订的一系列协定，它标志着两国停止关于争夺海外殖民地的冲突而开始合作对抗新崛起的德意志帝国的威胁。在协定中，双方就一系列国家和地区的控制权达成了一致，包括埃及、摩洛哥、马达加斯加、中西非洲、暹罗（泰国）等地。——译者注

② 威廉二世并非没有反犹太主义的思想。1907 年，他在与英国外交大臣爱德华·格雷爵士的一次会谈中抱怨犹太人在他的国家"成倍地增加"。

待每一位令他想起那些难过时刻的政客的。

威廉的动机更加明显。理论上，它与所使用的方法无关，但是符合德国的普遍观点，那就是避免出现敌对国家不惜一切代价对帝国进行"包围"的情况。尽管如此，他的舰艇外交应该在国内也遭到了抵制。帝国总理冯·比洛认为这份合约对于早已被打趴在地上的俄国的太过让步，而且面对恰好开始的殖民地冲突，限制在"欧洲内部"几乎是荒谬的。如果合约生效的话，他威胁就要辞职。

威廉的反应极为激动，"我呼唤你的友谊！"他在给这位政府首脑的信中写道："我们不要再谈任何有关辞职的事情了吧。当你收到这封信时，请立刻回复仅有一个'好'字的信件给我。这样，我就知道，你会留任。否则，在你辞职后的第二天，你就会收到消息，皇帝已不在人世。请想想我可怜的妻子和孩子们吧！"冯·比洛可能非常了解皇帝太过于自恋的怪僻性格，因此不会认真对待他的自杀威胁。最重要的是，威廉想在尼古拉面前保住自己的颜面，因为是他在比约克把尼古拉带到了谈判桌旁，并向意志薄弱的沙皇展示了自己的权力欲。[1] 最后，德国和俄国的外交官设法掩盖了两位皇帝的失态，并对此加以制止[2]。

---

[1] 威廉二世对于自己的权力扩张观念过于夸大，这种观念一直伴随着他直到统治结束。当他在1911年任命新的驻伦敦大使时，他对帝国总理贝特曼·霍尔维格说："我的大使将前往伦敦，他会得到我的信任、顺从我的意志、遵从我的指示并服从我的命令。"

[2] 德国和俄国的政府均不支持两位皇帝签订的密约，德俄联盟终告失败。——译者注

威廉在条约中巧妙地加上的"欧洲内部"已经不合时宜了。一年前，英国和法国在《英法协约》中就非洲势力范围的划分达成了一致：不列颠帝国"得到"了埃及，而法兰西共和国则是摩洛哥的保护国。但是，由于德国在北非拥有许多贸易往来，因此在帝国总理冯·比洛的鼓励下，皇帝示威性地乘船前往丹吉尔，以加强摩洛哥苏丹的地位。在此之前，人们一直使用相似的模式：欧洲列强在自己国家领土以外进行战斗，目的是为了瓜分类似于南非、中国或奥斯曼帝国部分地区的领土。但是现在，德国政府呼吁召开一次关于自由贸易的国际会议，并以军事手段威胁对此持反对意见的法国。这有可能意味着自克里米亚战争以来欧洲国家之间的首次直接对抗。法国被迫屈服，甚至找到了替罪羊：外交大臣被撤职，因为他拒绝了德国的倡议。会议于1906年夏天在西班牙南部城市阿尔赫西拉斯举行，西欧各国、俄国和美国参加了会议。尽管联合公报确认了摩洛哥的自由贸易权，但德国外交没有取得突破性进展。因为即使是"三国同盟"的成员国意大利，也更倾向于法国的立场。但罗马主要关心的是，在英国的帮助下所获得的北非殖民地的安全。在后来的妥协性解决方案中，德意志帝国应该对在刚果和喀麦隆所获取的被割让的领土感到满意。"所有悲惨的、退化的罗马人"，威廉愤慨道，"已经沦落为英国手中的工具，英国已经决定扼杀德国在地中海区域的贸易。"柏林对此的反应是扩建舰队以及在德国的全球策略中提升军事力量演习的分量。

　　在远东战争中一败涂地且刚刚平息了国内革命浪潮的俄国，仅仅只想寻求片刻安宁以及欧洲的贷款以整顿其几近破产的财政状况。由于后者主要通过法国政府的担保来授予，因此俄国在阿尔赫西拉斯的会晤中支持法国的立场。大不列颠利用此次会议达成的和解，加快了有关俄国加入英法协约的谈判。沙皇帝国承诺尊重英国在亚洲的利益，主要是接受英国成为阿富汗的保护国——与对日战争所遭受的损失相比，这个代价不算太高。随着 1907 年夏天在圣彼得堡俄英条约的签署，"三国协约"成为1882 年所建立的"三国同盟"的敌对协议。仅仅两个坚固而强大的军事集团于"欧洲内部"的存在就增加了发生直接对抗的风险，7 年后，更多的国家也被卷入进来。

　　"三国协约"签署后不久，在德国海上大阅兵期间，"霍恩索伦"号和"标准"号游艇在波兰的希维诺乌伊希切港再次会合。德国皇帝穿着哥萨克上校的制服，而沙皇扮作普鲁士龙骑兵而出尽了风头。无论如何，这次他带来了他的外交大臣伊斯沃斯基，沙皇明确要求他从一开始就必须通知威廉，包括冯·比洛总理和海军上将冯·提尔皮茨在内的随从，不允许讨论比约克事件。舰队的演习吸引了成千上万的围观者。两位统治者互相发誓结成"永恒的友谊"，并在晚上的焰火表演中，用天空中浮现的巨大的字母"W"和"N"来象征这种友谊。在欢送会上，威廉祝愿他的表弟能尽快拥有和自己一样出色的海军力量。此外，他对随从们用带着讽刺意味的优越感就尼古拉小心翼翼的举止进行了评论："沙皇没有假装，他就是懦弱。懦弱当然不是背叛，虽然它可以产生相同的作用。"

第七章

沙皇家庭的日常——与关键人物一起

"1905年动乱之后，国家总算恢复了平衡。"皇后的侍女，索菲·布克斯赫夫登男爵夫人，在回忆录中写道。实际上，总理彼得·斯托雷平的短暂任期为俄国的政治生活带来了一丝稳定，这当然也使得执政者家庭从中受益。尽管出于安全原因，这个家庭在这几年不得不放弃陆地上的长途旅行，也无法在克里米亚度过暑假，但有足够多的其他的弥补形式。罗曼诺夫一家人主要在波罗的海海域以及波罗的海乘坐可容纳300多人的"标准"号豪华游艇游玩。在彼得宫城的避暑别墅里可以看见它的仿制品。直到1909年，在收到瑞典国王古斯塔夫·阿道夫五世的邀请前往斯德哥尔摩之后，这个家庭才在很长一段时间后第一次离开帝国的领土。正如侍女的回忆录所描述的一样，这段原本令人满意的旅程被一场针对瑞典将军的暗杀所破坏。[①]出于安全原因，一家人不得不在游艇上度过一整天，且暂时只能在那里接待他们杰出的瑞典亲戚。同年8月，沙皇夫妇前往英国，国王爱德华七世接待了两位，并向他们展示了英国军舰的新雄姿。随之而来的是政府首脑斯托雷平和外交大臣伊斯沃斯基以及暗探局的特工部队。前往英国的海路途经瑟堡，在那里，法国总统法利埃命令海军为客人们进行了一场军事演习。在回国的路上，他们不得不会见那个不受欢迎的表兄威廉二世——在基尔，他们再一次被威廉所引以为豪的军舰中最壮丽的战舰所震惊。

事实证明，芬兰湾"标准"号上一年一度的度假才是真正的

---

①1909年6月26日，无政府主义者亚尔马·万杀死了瑞典海军上将奥托·路德维希·贝克曼。在这一原本计划针对尼古拉二世的袭击发生前，俄罗斯帝国暗探局的芬兰分部就在几天前提前发出了警告。罪犯开枪自杀，案件未获侦破。

休息。在这几周中，尼古拉只收到了信使从圣彼得堡带来的大臣级别的报告，他没有任何的接见活动，全心全意和家人们在一起——他的妻子，4位年轻的女大公和王位继承人阿列克谢。孩子们在游艇上感觉惬意，知道所有的官员和船员的名字，小阿列克谢与年轻的水手们玩耍。游艇时不时在一个小港口停靠。尼古拉带着女儿散步，与军官打网球，每个假期他都带着行李去狩猎。为了舒适和舒服，他只带了十几个仆从和几个厨师，晚上还有一支交响乐团的演奏。只有皇后对这种田园生活有一丝轻微的不适：她长期的精力衰竭使她无法参加各种娱乐活动。她更喜欢坐在船上的扶手椅上，看英文小说或做手工打发时间。

皇后不稳定的健康状态不仅给这些无忧无虑的日子蒙上了阴影，而且还影响了礼仪性的出访。在1910年，沙皇陛下及皇后前往里加为利沃尼亚的征服者彼得大帝的纪念碑揭幕。在有数以万计围观者的情况下，沙皇几乎独自一人出席了为期三天的所有大型庆祝活动。阿丽克丝无法离开游艇，所以只能在船上接待了来自波罗的海的贵族代表团。但是，她没有参加船上举办的同样也邀请官员们参加的午餐会，而是与皇储阿列克谢在一张小桌子旁吃饭。同样，她避免在皇村或彼得宫城举行较大的招待会或舞会。无论如何，据布克斯赫夫登男爵夫人的说法，繁华的宫廷生活已经属于过去时。

由于皇后持续性的疲倦和心脏病发作，医生建议她去在巴特·瑙海姆疗养。在家人的陪伴下，在恩斯特大公的弗里德伯格城堡里，她受到了来自黑森州的亲戚们极大热情的欢迎。尽管皇后非常开心能够与她的亲戚和童年的朋友们会面，但治疗最终还是失败了，她甚至比以前更加疲倦。如果她觉得自己稍微有点力气的话，她就会坐在轮椅上前往巴特·瑙海姆，这样她就可以在这个小小的温泉胜地购物。这些出游对她来说是"唯一让她如同孩子一样开心的散心活动"。同时，黑森州的家人们为尼古拉和4个女孩组织了前往法兰克福的汽车之旅。在那里，公爵的车队引起了轰动。

有时候，由于极度虚弱，皇后不得不整天躺在在自己房间和花园里的躺椅上，当她不得不上楼梯时，会出现呼吸困难。即使返回俄国后，她的病情也几乎没有改善。在巴特·瑙海姆和皇村，医生都诊断她为"过度劳累"和"心脏神经官能症"。然而，亲近的人都知道，这事实上是由于阿列克谢的血友病所引发的持续恐惧——在每次皇储病情发作时，皇后身上都会再次出现这种精神创伤。皇储的病属于俄罗斯帝国保存最完好的国家机密之一。即使在写给居住在英国的姐姐——巴腾堡公主维多利亚——的信中，皇后对此还是沉默不语："不要为我的健康状况担心。我并没有焦虑不安，除非我看到我的亲人们为我而遭受痛苦，或者因为我无法履行我应尽的义务时，我已经得到了这么多，以至于我愿意放弃所有可能的消遣——它们对我来说毫无意义。我的家庭生活非常理想，它取代了所有其他我无法参与的事情。小伙子逐渐成长为他父亲真正的伙伴。即使我卧床不起，所有的5个孩子每天也会和他一起吃午餐。"

显然，这种情况经常发生，他们之间别具一格的通信就证明了这一点：处于青春期的女儿们写给母亲的信以及她的回复。信件在皇村宫殿底楼的儿童房和母亲在一楼的住所之间流传。因此，最大的16岁的塔季扬娜在1909年1月写道："亲爱的妈妈，我希望您今天不会太虚弱，可以起床吃晚饭。当你虚弱的时候，我总是无与伦比的难受……"小两岁的奥尔加，也抱怨母亲的缺席："好遗憾，亲爱的妈妈，你从来没有单独和我在一起过，我也无法和你单独说话。所以我尝试写出来，当然说出来的话可能会更好。但是，如果没有时间，而我又听不到我亲爱的妈妈的甜言蜜语，那该怎么办呢？"更具戏剧性的应该是当年12岁的玛利亚女大公的一封没有流传开来的信——无论如何，阿丽克丝答复道："我亲爱的小玛丽亚，你的来信使我非常难过。我亲爱的孩子，你必须向我保证，永远不要以为没有人爱你。这个奇怪的主意怎么会进入您的脑海？我们所有人都非常爱你，只有当你太野和太顽皮时，我们才会责骂你，但是责骂并不意味着不爱你。"

　　显然，玛丽亚比其他女孩更依赖母亲，经常要缠着母亲作她们彼此之间纷争的仲裁者："亲爱的妈妈！我想告诉你，奥尔加非常想在彼得宫城拥有自己的房间，因为她和塔季扬娜的东西太多了，而储物空间却太小了。妈妈，你几岁开始拥有自己的房间？"或者是，"妈妈，你几岁开始穿长礼服？你不相信，奥尔加也想让人把她的裙子加长吗？"年长的女大公们也会因自己的利益向母亲抱怨。因此，塔季扬娜在1911年4月下旬的一封信中坚持说："我非常想参加第二师的游行，因为我是第二个女儿，而奥尔加以前在第一师，所以现在该轮到我了。"① 但是，在所有这些争夺母亲青睐的竞争中，女孩们都意识到，父母的偏爱和最大的顾虑属于最小的生病的阿列克谢。无论是在日记本上还是在沙皇夫妇的频繁的书信往来中，这个孩子始终被称为"宝贝"或"阳光"②。每当这个孩子看起来会遭遇危险时，尼古拉和阿丽克丝都感到恐慌不已。

对于不知情者来说，阿列克谢给人的印象是一个完全健康的男孩。吉利亚尔，女大公们的家庭教师，于1906年第一次见到了皇储，并对这个当时这位只有两岁的孩子的出现充满了热情："皇储无疑是人们所能想象到的最漂亮的孩子之一，他有着可爱的金色卷发和隐藏在浓密长睫毛下的灰蓝色大眼睛。他有一个健康孩子的新鲜红润的肤色，而且，当他微笑时，会有两个小酒窝出现在他圆润的脸颊上。"即使在第一次见面时，吉利亚尔也已经注意到："当皇后拥抱那个小男孩时，这位母亲会微微地颤抖，她似乎总是担心孩子的性命。"

皇位继承人所患的血友病究竟会以怎么样的频率发病，暂时只能以不准确的方式进行确定。从1904年，即皇储出生两个月后肚脐处首次出血，到1918年这个家庭在叶卡捷琳堡被处决前，御医博特金处理阿列克谢的症状为止，人们猜测大约是 4～5 次。这些主要和意外伤害有关，意外伤害导致腿部或腹股沟疼痛以及

---

① 两位女大公均被其父亲任命为轻骑兵团的名誉指挥官，而王位继承人阿列克谢则被任命为几个兵团的名誉指挥官以及俄国哥萨克部队的首领。

② 最初是维多利亚女王为阿丽克丝起的昵称，她将阿丽克丝视为她最喜欢的外孙女。

发烧引起的血肿。为了防止事故发生，水手杰列文科陪伴在阿列克谢左右，以阻止他快速地跑动，并在出现移动物品阻碍他时将其抱在怀里。因为一旦鼻子或口腔中的血管破裂，情况就会变得很危险，因为人们无法用任何绑带阻止出血。无论如何，在没有症状的那些岁月里，父母希望他们的孩子能够随着时间的推移而康复。[①] 当阿列克谢突然间疼痛发作，而该国最好的医生们面对这种巨大威胁却无能为力时，他们就会变得更加惶惶不安。就在这样的时刻，皇后突然想起了一种慰藉，这种慰藉似乎在他们急躁等待儿子出生时是有用的：她寻求一位圣人的帮助。

在法国的术士菲利普先生——在沙皇家族那些清醒成员的迫使下——离开圣彼得堡时，他为沙皇夫妇预言了两件事：他自己即将死去和本尊会"以另一种形式"返回。这些预言很快就实现了。菲利普在里昂去世后不久，尼古拉和阿丽克丝在嫁入了皇室的黑山公主米利卡和斯塔娜那里遇到了"圣人"格里戈里·拉斯普京。这种巧合并没有什么神秘之处：与菲利普的碰面是由黑山的"黑女人"们策划的。但是，菲利普的继任者在第一次会面后不久就决定，不顾恩主而进一步发展与宫廷的联系。他于1906年春天达到了这一目的，他在其他教会贵宾们的陪同下于皇村受到接待。

---

① 血友病的"无常"体现在阿丽克丝姐姐艾琳所生的孩子的命运上。年幼的海因里希4岁时死于大出血，但其长子沃尔德玛直到第二次世界大战结束前不久才因输血不及时而离世；而西吉斯蒙德亲王则在1978年去世，他并未受到血友病的困扰。

在研究有关拉斯普京的大量文献时，主要存在的问题是，他冒险生涯的轮廓是完全不明显的——几乎在所有叙述中，现实和传奇都混杂在一起。这位未受过任何教育、几乎不会书写的西伯利亚农民兼游走的布道者通往最具影响力的俄国政治家的道路，是帝国末日的悖论之一。在这里，生机勃勃的现代化进程与过时的封建制度共存。魔术师、神秘主义者、神圣的傻瓜和奇迹般的治疗者，这些原本在俄国宫廷里被归为恐怖者的人，却接连不断地出现在圣彼得堡和皇村里。在各个修道院浪迹数年之后，格里戈里于1903年到达首都，并且在那里得到了权威人士和与皇室关系密切的教士的支持，例如喀琅施塔得的大主教约翰内斯、神学院的院长及沙皇家族的告解神父阿尔希门德里特·特奥万、主教赫尔摩根以及和尚伊利奥多尔。显然，对于这些神职人员来说，他们希望通过"人民的代表"来增强他们对政府圈的影响。很快，也被称为"长老"的格里戈里·拉斯普京，这位具有异国情调容貌的僧侣——高大的身材，长长的手掌，浓密而又蓬松的胡须，深邃而又催眠的眼睛——以及他令人困惑而隐晦、满口圣经名言的说话方式，在圣彼得堡最好的沙龙里颇受好评。然而，他最大的成功则是进入了皇村。

　　自1906年夏天首次与拉斯普京进行的"一个多小时"对话以来，沙皇深受感动并引荐这位"圣人"——他用农民般简朴的语言称呼沙皇和他的妻子为"爸爸"和"妈妈"——给当时仍然受到他喜爱的总理和内务大臣彼得·斯托雷平，以唤起他的注意。在无政府主义者的炸弹袭击他的房屋之前不久，他幸运地逃脱了，而他的女儿娜塔莉亚则受了重伤。现在，尼古拉向这位政府首脑表达了拉斯普京的愿望："他迫切需要见到您，并要带着圣像来为您受伤的女儿祈祷。我衷心希望您本周能稍许留出点时间来接待他。"①

在接下来的几年中，尼古拉的简短日记显示他与拉斯普京经常甚至是定期来往。一开始他们在皇宫见面——出于谨慎的考虑——越来越多地在皇村边上的小屋里见面，这间屋子是皇后赐予她年轻的侍女及亲密的助手安娜·维鲁波娃的。"6：30 的时候抵达彼得宫城。那时，阿丽克丝和格里戈里正在交谈，我也见了他半个小时。""我们乘车出游，顺便看望安娜（维鲁波娃）②。我们遇到了格里戈里，并与他聊了很久。""我去了安娜·维鲁波娃那里，在那里遇到了格里戈里。我们一起点亮了圣诞树。非常愉快。""6 点钟，特奥万神父和格里戈里来了。他还看到了孩子们。""读书直到晚餐。晚上与格里戈里进行了长时间的交谈。""伊斯沃斯基（外交大臣）6 点到我这里来。晚餐后我开始读书。格里戈里和我们在一起。"

日记里并没有记载这些通常在晚上进行的谈话的主题。另一方面，非常明显的是，这位在家庭、朋友圈以及政治上切换自如的长老非常享受这种综合性地位。显然，在这个阶段，他已经具

---

① 没有任何证据能够表明这次相遇的发生。在后来的一次会面后，斯托雷平向他的女儿玛丽亚提及了他对长老的个人印象："我感到我内心深处出现了无法克服的厌恶之感。这个男人具有巨大的磁力，引起了我强烈情绪波动，但这仅仅只是一种反感。"

② 长老在 1907 年预言安娜·维鲁波娃即将到来的婚姻会遭遇惨败，这一预言在她结婚后也立刻应验。此后，维鲁波娃就成了长老的狂热拥趸。

备某种精神保护者的作用。1907 年 7 月，当沙皇乘坐"标准"号前往希维诺乌伊希切港，以解决与表兄威廉之间的微妙关系时，他的妻子向他保证："我非常希望一切顺利，没有任何问题和令人不愉快的讨论。格里戈里注视着这段旅程，一切都会好起来的。"更重要的是，这种一再关于皇储阿列克谢的简单而自由的交流不受宫廷惯例所限制。没有因为这对父母的地位而特别地故作神秘。特别是对于因担心儿子的状况而生病的母亲而言，每次与长老的会面都意味着持续的谈话疗法，这是一种她越来越依赖的精神毒药。毕竟，拉斯普京创造的第一个奇迹使得这一行为变得不可逆转。

1907 年秋天，皇储在皇宫花园奔跑时腿部受伤。这导致了内出血。沙皇的妹妹，奥尔加女大公，于 1960 年去世前不久在采访中对加拿大新闻记者扬·沃雷斯描述了这戏剧性的一幕："这个可怜的孩子躺在那儿，他小小的身体因为疼痛而卷曲，腿部严重肿胀，眼睛下有黑眼圈。医生们束手无策。他们看上去比我们更害怕，并且一直相互窃窃私语。他们似乎无能为力，经过了数小时才放弃了所有希望。阿丽克丝只好发送了一封信到彼得堡给拉斯普京。"午夜前后，他被从后楼梯带到了王位继承人的寝室。奥尔加女大公已经在阿丽克丝的建议下退回到她的房间。第二天早晨，她遇到了一个看起来非常健康的皇储。这位欣喜若狂的母亲告诉她，拉斯普京"甚至没有碰过孩子，而只是站在床脚边祈祷"。所有目击者——宫廷侍女、乳母们和皇宫侍卫长沃列科夫——都相信这是一个奇迹，即使他们对细节回忆各有所不同。从那个可怕的夜晚开始，格里戈里成为沙皇的圣人。

当然，从过去到现在一直有人尝试解释长老是如何成功治愈皇储的，因为之后类似的治疗也发生过好几次，到底是纯属巧合、巧妙的技巧抑或是催眠的方式。也有人说拉斯普京总是出现在病发的后期，所以即使没有他的帮助，症状也会消退。无论是哪种说法，他的行为都发生在一个由浓厚的宗教信仰①和神秘主义所创造的环境中，在一个充满了世界末日的预兆同时又对未来充满千禧主义希望的国家里。

　　除此以外值得一提的是，奥尔加女大公当时几乎每天都与她的哥哥及嫂子在一起，尽管她进行了种种尝试，但仍旧不喜欢阿丽克丝所敬重的格里戈里。"毫无疑问，我对孩子房间里所发生的一幕印象深刻，我接受那个男人的诚意。但很可惜，我永远无法下定决心要喜欢他"，近五十年后，她向采访她的记者承认。在傍晚喝茶时，拉斯普京开始用最烦人的问题骚扰她："我幸福吗？我爱我的丈夫吗？为什么我没有孩子？②他无权提出这样的问题。尼古拉和阿丽克丝看上去很尴尬。"实际上，沙皇作为"该国第一贵族"，被同时代人称赞为俄国受过最良好教育的人，几乎无法接受这种粗俗的做法。

_____

① 具有讽刺意味的是，斯托雷平时代见证了"寻求神祇"——一种基督教神赐超凡能力的运动——的鼎盛时期。这一运动随着革命浪潮的到来，诸如安纳托利·卢纳查尔斯基和马克西姆·高尔基之类的布尔什维克知识分子受到了欢迎。人们试图用马克思来补充马赫、用恩格斯来补充阿芬那留斯的学说。列宁与这种思潮进行了坚定的斗争（见《唯物主义和经验批判主义》）。
② 拉斯普京的具体问题很有可能与圣彼得堡沙龙的八卦故事有关，奥尔加女大公在第一次婚姻（实际上是失败的婚姻）中没有孩子（第二次婚姻中则生育了两个儿子）。

尽管如此，皇后还是想说服她在"标准"号游艇上所结识的好友尼古拉·萨布林去拜访圣彼得堡的圣人并祈求他的祝福。但是，圆滑的舰队军官却不想从长老的法力那里获取任何事物。虽然他知道皇后视拉斯普京为她孩子的救世主，并"像每个依附在稻草上的溺水者一样"紧紧抱住他，萨布林却觉得那位有着不修边幅外表的上帝的使者十分令人反感。他总是试图纠正格里戈里的行为，劝阻他不要过于明目张胆的拜访陛下们。总而言之，他无权"要求"得到宫廷的邀请并且尽可能地挤进去。为此，拉斯普京耸耸肩回答道："如果人们必须为王位继承人祈祷，那就会呼唤我，如果不必要的话，就不会呼唤我。"几年后，当沙皇一家重回克里米亚度假时，萨布林作为"标准"号上最年长的军官致力于不让"偶然"也在克里米亚修养的长老得到任何机会参观游艇。他这样做是为了"防止各种谣言的传播"。不幸的是，这种崇高而忠诚的预防措施来得太迟了。

　　格里戈里·拉斯普京在城堡受到欢迎之后，长老和罗曼诺夫家族之间的特殊关系逐渐形成。5个孩子也受到了这位身材高大的和尚的特别对待，他深情地对待他们，孩子们也会偶尔与他交换信件。小阿列克谢在首次见面时称呼他为"诺维"（新人），因此，格里戈里请求沙皇，废除他的在西伯利亚常见的原始姓氏，这个姓氏往往与"rasputstwo"（淫秽）一词相关联，所以，他更喜欢称自己为"格里戈里·诺维"。沙皇同意了他的请求。之后，他们大多数会面都在宫廷女侍维鲁波娃的小房子里进行，她则负责与长老的联系。当阿列克谢病情恶化时，皇宫才对拉斯普京开放——例如在1909年秋天再次大出血的时候。此外，格里戈里多次前往他在西伯利亚出生地波克罗夫斯科耶村，在那里，他请人为自己和家人——他有一个妻子和两个女儿——建造了一座新房子。

至于与他们恩人之间的密切关系，尼古拉和亚历山德拉都没有想到过这样一个事实，即皇村的领域——包括城堡、花园以及所有的附属建筑——出于安全原因，都不允许任何陌生人进入和离开。甚至连大公们都必须提前预约，并在所有入口进行登记。更加令人扑朔迷离的是，沙皇夫妇对宫殿外世界里的拉斯普京的状况一无所知。同时，长老的受宠使他成为许多人的敌人，其中包括一些前顾客。对许多人来说，如此接近宝座的他成为他们的眼中刺，例如，黑山的"黑女人"及其大公丈夫们觉得被侮辱了，因为是他们将他推荐给了宫廷，而他却从那个时候开始一直与他们保持距离。最初为了在冬宫里有一个代言人而帮助他的高级教会圈子也转而离开他，甚至指控他属于异教徒中的"性欲狂"，其礼拜活动早已转变成了疯狂的舞蹈和无节制的性行为。尽管教会的有关调查没有提供任何积极的证据，但人们对于格里戈里是色情狂和醉汉的怀疑仍然存在。拉斯普京并非完全无辜地否认了这些谣言。他很早就放弃禁欲，没有轻视他众多仰慕者的感情，也不鄙视妓女的有偿服务。有关他们门徒淫乱的生活方式这一公开的秘密什么时候会传到恩主沙皇夫妇的耳朵里，应该只是时间问题

1910 年 1 月，基辅的大主教弗拉基米尔急切请求康斯坦丁大公接见他。他向大公描述了："关于一个叫格里戈里……的神圣

的傻瓜，他显然对沙皇的家庭有很大的影响。我觉得非常难受和震惊。"康斯坦丁注意到他有些虚伪，"大主教讲了一个我们完全陌生的话题，而且，从他那里我们很难判断，真相到底是什么以及谣言从何而来。"很显然，谢妮娅女大公的说法更加明确，"在皇村发生了什么"，她在3月中旬的日记里描述了拉斯普京的来访："他一直在那儿，去了孩子们的房间，围绕在奥尔加和塔季扬娜身边，当她们上床睡觉时，他坐在那里聊天，甚至抚摸她们。这太不可思议了，人们简直无法理解这一切。"

该信息的来源只可能是沙皇孩子们的女教师：索菲亚·丘切娃。她不愉快地注意到，在傍晚时分，长老进入了年轻的女大公们的寝室。第二天早上，她按惯例向皇后报告了这一切。阿丽克丝现在意识到了反格里戈里的运动，拒绝接受她听到的言论并视其为诽谤，"黑暗势力试图推翻拉斯普京，并致他于不幸"。大概是在皇后的干预下，这位女教师当天奉召到沙皇的书房。7年后，丘切娃在临时委员会作证时提供了证词，该委员会是临时政府为揭露沙皇的"统治罪行"而成立的。

尼古拉：索菲亚·伊凡诺夫娜，您应该想到了我为什么叫您过来。孩子们的房间里发生了什么事情？

然后，女教师描述了她在昏暗走廊上偶遇拉斯普京，当时他正前往女孩子们房间。同时，她谨慎地暗示了拉斯普京有争议的声誉。

尼古拉：您也不相信格里戈里的圣洁吗？

丘切娃：是的，我不相信。

尼古拉：如果我和您说，我只能依靠他的祈祷而度过这些艰苦的岁月呢？

丘切娃：陛下，您是因为所有俄国民众的祈祷而度过这一切的。

尼古拉：我不相信有关拉斯普京的这些故事。人们总是会往纯洁的人身上泼脏水。

也许，沙皇并不这么想相信谣言，但是，他也无法完全忽略它们的存在。为此，他明确指示，除了阿列克谢必须获得紧急治疗的时候，平时严格禁止长老进入孩子们的居住区域。他并不是非常在乎流言的真实性，他更关心的是，必须警惕这种现象的蔓延。实际上，人们只需要一丝想象力，就可以从这个大致的真相里捏造出许多流言蜚语。在整个城市里流传着还是半大孩子的年轻漂亮的女大公们，是如何由长老进行沐浴以及穿上雪白的睡衣后被带上床睡觉的。最后，出现了一个可怕的谣言，即皇后本人与这个色情狂有染。尽管这些谣言都无法得到证实，但它们却得到了预期的效果：皇宫里的秘密演变成了一场国家危机。

在 1905 年革命之后的几年中，所有俄国人的沙皇都忙于皇族人事务，例如他的皇室成员的不忠婚姻和不愉快的离婚，以及已经描述过的那位西伯利亚农民的儿子在皇宫房间里逗留的丑闻。他之所以能享受得起这种锦衣玉食的生活，是因为他拥有一位极具天赋的优秀总理斯托雷平，如果能够处于更幸运的时代，这位总理极有可能成为俄国的俾斯麦。沙皇后期的两个政治天才，维特伯爵和彼得·斯托雷平，他们的共同点在于，他们都想拯救王位和王朝并阻止革命的发生。但是，1906年在屈辱中下台的维特想在君主立宪制的帮助下以及通过公民获取自由的方式实现目标，斯托雷平却希望通过镇压来实现。他的座右铭是："先稳定，后改革"。通过超过上千次的处决①、严厉的法院裁决和流放，他成功地遏制了革命性的恐怖主义，这种遏制虽然不是完全，但至少是在一定程度上。现在，他可以着手进行议程的第二部分。这位前省长政策的重点在于农业用地。他想改变过时的农村集体组织"村社"②，并使农民成为土地真正的拥有者。实际上，他成功地令500万移民拥有了小块土地——但主要是在俄国偏远的东部，即西伯利亚。他试图通过扩大社会保险来平息无产阶级的情绪。在他统治的最后阶段，他还想实现帝国内犹太公民的平等权利。无疑，他是一个专横而富有远见的人。他在杜马发言时所说过的一句至理名言是："请给这个国家20年的内外安定，俄国就会变得让你们认不出来。"

然而，他的努力从一开始就面临着重重困难。尽管他在

---

① 政府首脑对这些死刑判决并未感到有多么荣耀。当一名自由党的国会议员把绞刑架称为"斯托雷平的领带"时，斯托雷平以决斗作为威胁迫使该议员道歉。尽管如此，"斯托雷平的领带"成为一个固定词汇，并且在苏联史中作为斯托雷平的一个主要特征得以应用——考虑到苏联时代死刑判决的规模之大，这的确是一个荒谬的特征。

② 村社（全称为"农村公社"，又称"公社""米尔"，通常称为"村社"）在1861年的农奴制改革后，虽然有2000多万农奴从私人地主手中获得解放，分到一小块土地（平均不到3俄亩），但农民仍被束缚在村社中。村社实行定期重分土地的制度和耕作上的三田轮作制。由于人口的不断增加，农民分得的土地越来越少，而由于耕作制度的限制，分给农户的地块越来越小。这影响了农民改善土壤和改进耕作技术的积极性，土地问题也就越来越严重了。——译者注

1907 年 6 月的政变成功解散了杜马，并借由操纵新的选举，用一个新的、更有想法的议会取代了杜马，但他无法摆脱反对派的意志。对于右翼君主主义者以及左翼自由主义和社会主义派系来说都是如此。此外，也不再可能扭转 1905 年 10 月颁布的宣言所赋予的新闻自由。这位同时兼任内务大臣职务的总理还面临着特别的难题，那就是包括无所不能的秘密警察机构暗探局在内的行政部门的无能和腐败问题。

这个资金雄厚的机构有着无数的线人和代理人，他们密切监控着内部的反对派和流亡的社会主义者。暗探局的一个特别之处在于，它不但喜欢让前革命者担任告密者，而且还给予他们一定的行动自由，甚至让他们中的一些人可以从事全职工作。[①] 在斯托雷平的任期里，在被开除警察的帮助下，社会主义间谍猎手弗拉基米尔·伯泽让埃夫诺·阿兹夫露出了马脚，在长达 20 年的时间里，后者作为警察的奸细潜伏在社会革命党的一个恐怖组织里面，其目的是为了在同志们面前保持信用，以便最大限度地参与反政权暗杀行动的准备工作。所以，即便在杜马会议上，斯托雷平用本人并不相信的俄国宪兵队的"兵团精神"来发誓，斯托雷平被公认的能说会道的能力也不足以让他摆脱丑闻。

但是至少，他获得了有关拉斯普京的双重生活以及他与沙皇

---

①1883 年，作为革命学生被招募的阿尔卡季·雅迪·兰德森在职业生涯方面取得了惊人的升迁。他一方面协助社会革命主义的移民准备针对亚历山大三世的袭击，另一方面，他又告发了这些人。同时，他也成为俄罗斯帝国暗探局在欧洲的主要负责人之一。他也负责阿丽克丝和尼古拉在科堡举行的订婚仪式的安全，并于 1896 年陪同他们前往巴黎。1909 年他也被伯泽揭发。

家人往来频繁的信息。出于政治上安全方面的考虑，1910 年 2 月，他求见统治者并带来了一份"东正教圣会议"的报告，报告强烈谴责了长老的生活方式。斯托雷平的女儿后来有写道，尼古拉对此回答道："我极其理解您，彼得·阿卡迪耶维奇，但十个拉斯普京都比一个歇斯底里的皇后要好得多。"就此，他结束了和他的大臣有关这件事情的讨论。反过来，他又命令长老尽快离开圣彼得堡，同时指示暗探局跟踪观察他。接下来的事情非常符合俄国的情况，在很短的时间内，秘密信使带来的手信，而且极可能是对他有深厚感情的皇后本人的手信，废除了监控拉斯普京的诏书，并且根本没有通知担任内务大臣的斯托雷平。沙皇夫妇与拉斯普京在维鲁波娃家的会面仍在继续。最终，格里戈里获得了前往圣地朝圣的好处，并从不透明的来源中筹集了旅程的费用。事实证明，拉斯普京从 1911 年 3 月至 6 月在巴勒斯坦停留。如果斯托雷平还不明白，他本人就像 6 年前他的前任和亲密的敌人维特伯爵一样，现在已经不受宠爱了，那么，以此种形式被安抚的总理甚至还有可能会感到满意。然而，他怀疑，真实的情况会更加糟糕，并且他害怕会遭遇谋杀——过去他曾被暗杀 10 次且侥幸逃脱。他对最亲密的人说："我将被杀害，而且是我的保镖会把我杀死。" 1911 年 9 月 1 日，彼得·阿卡迪耶维奇·斯托雷平被暗杀。

在衰落期，幸存的政权尤其喜欢大肆庆祝周年纪念日。战争前的最后几年中，俄国发生了三起类似事件：1911 年庆祝废除农奴制 50 周年，1912 年庆祝博罗季诺战役 100 周年，而 1913 年则是庆祝罗曼诺夫王朝统治 300 周年。1911 年纪念这一历史性时刻的主要庆祝活动转移到基辅，主要是为了在那里给尼古拉的祖父亚历山大二世，即"解放者沙皇"的纪念碑揭幕。像往常一样，围绕这一崇高的举动举行了民间庆典、军事演习、代表团招待会、宴会、焰火晚会和音乐会。9月1日，沙皇与受邀嘉宾一起去剧院欣赏表演。第二天，沙皇一家人在部分随行人员的陪同下开始了经第聂伯河前往切尔尼戈夫市的巡游。庆祝活动结束后，陛下们想经过基辅计划前往克里米亚度假。

在观看由里姆斯基－科萨柯夫根据普希金小说《沙皇萨尔塔的故事》改编的歌剧《萨旦王的故事》时，沙皇带着女儿奥尔加和塔季扬娜坐在第一个包厢里，而总理斯托雷平，宫廷事务大臣弗里德里希斯男爵和其他贵宾在前排落座。在第二场休息时，沙皇和他的孩子们离开了包厢。斯托雷平站在几乎空旷的观众席里，靠在乐团的栏杆上，与弗里德里希斯交谈。突然，一个穿着黑色外套的男人出现了，用一把左轮手枪近距离地朝斯托雷平连续射击两次。当尼古拉因为可疑的声响回到包厢时，他看到了他的政府首脑，"他慢慢转向我，"沙皇在给母亲玛丽亚·费奥多罗芙娜的信中写道，"用他的左手在空中划了十字架的标志。直到那时，我才意识到他脸色非常苍白，夹克的右边衣袖上沾有血迹。"紧接着他就瘫倒在地，几天后，他在基辅一家私人诊所里不治身亡。

剧院里的谋杀都有自己的戏剧性。1864年4月，年轻的演员约翰·布斯在出演大获成功的喜剧《我们的美国表哥》中枪杀亚伯拉罕·林肯总统，随即他跳上舞台向观众大喊："这就是每个暴君的下场。" 之后，他从华盛顿福特剧院的喧嚣声中逃脱，而同谋者的马车就在戏院楼前等他。仅一周后，布斯被发现并在与警察交火过程中被杀死。与此相反，杀害斯托雷平的凶手被当场立即带走，并在剧院的地下室接受了第一次讯问。为了避免恐慌，乐团开始演奏国歌《天佑沙皇》，整个剧团也一起合唱。随后尼古拉向观众鞠躬致谢，并带着啜泣的女儿们离开剧院。

每起政治谋杀案都会引发对于两个问题的思考——动机和委托者。布斯的动机很明显：这位演员是南军的成员，他们刚刚在与北方进行的内战中失利。他主要关心的是如何维持奴隶劳动制。从这个意义上讲，他的暗杀与俄国恐怖分子的暗杀极其相似，但同样也着截然不同的内涵：这是一场反自由的可悲的暴力侵害行为。而它的背景也更加复杂：林肯的谋杀是一系列类似的谋杀中——尽管失败了——的第一个，这种谋杀就像百年后针对美国总统约翰·F.肯尼迪的谋杀一样，是无法完全阐明的，当然，它们也成为各式各样的阴谋论的源泉。

斯托雷平的谋杀者德米特里·博格罗夫则与1881年杀害了"解放者沙皇"的波兰革命家伊格纳齐·赫雷涅维茨基一样，看上去有点崇高的理想主义。直至被处决之前，这位俄国的犹太无政府主义者博格罗夫还一直坚持认为，应该由他来惩罚反动派的头号人物。无论如何，这个年轻的、受过良好教育的公民的儿子是位两面派——他既是一个革命圈子里的成员，又是基辅暗探局的带薪特工，他从秘密警察那里得到的月薪为150卢布。在庆典前晚，他向安全事务负责人尼古拉·库里亚博科报告——根据现在的定义，后者是他的上级官员——他已经掌握了对斯托雷平进行暗杀的信息并能够阻止此事的发生。因此，库里亚博科取得上级的同意，允许他获得进入歌剧院的正式门票，并可以将勃朗宁手枪不受限制地带入观众席——真是太聪明了。

濒临死亡的斯托雷平与他的副手，财政大臣弗拉基米尔·科科夫佐夫一起抵达基辅，他们并没有体会到预期中良好的感觉。宫廷没有给他提供任何装备，与沙皇家人一起去切尔尼戈夫的船上也没有给他提供任何位置。而他被允许在沙皇面前出席的唯一值得一提的重要活动是接待基辅的犹太人代表团，后者向尼古拉献上了《摩西五经》——这表明了一种削弱帝国反犹太形象的姿态。然而，最重要和最奇怪的是，这位自1906年爆炸谋杀案以来出于安全原因被允许住在冬宫的总理这次并没有带任何保镖同行。唯一的保护措施是，他于8月31日坐在一辆密闭的汽车里穿过城市。对于科科夫佐夫的提问，他为什么不在如此美好的天气里开着敞篷汽车旅行，他回答：人们担心有人会袭击他，但他认为现在不太可能。

时代的见证者和历史学家曾反复问过一个问题：为什么凶手博格罗夫想要通过这种行为来洗清自己身为警察特工的名声，为什么没有用他的勃朗宁手枪向包厢里的沙皇射击——从肢体动作上来讲，这应该和开枪射击斯托雷平一样可能。对于一个真正的恐怖分子而言，谋杀帝王的凶手光芒更值得他牺牲。在这种情况下，可以问另一个问题：为什么俄国最高警察机构要承担此种风险，让一位有可能和无政府主义组织相关的人出现在统治者身边，而且极有可能危及统治者的性命？换句话说，他们是否知道，斯托雷平是勃朗宁的目标?

还有一件事实属于这个完整画面的一部分，格里戈里·拉斯普京当时也在基辅。据说，他甚至见过总理的马车，并大声喊出了预言："死亡在他身后！死亡就在他身后！"尽管这一幕更符合穆索尔斯基的歌剧《鲍里斯·戈杜诺夫》的风格，但历史学家罗伯特·马西却认为这是可信合理的。根据其他消息来源，这并非是长老的著名预测之一，反而是他对当时情况知之甚多的证明。无论如何，在这方面有许多值得思索的地方。

值得一提的还有，同年出版了一份拉斯普京的小册子，标题为："基辅庆祝活动中伟大的日子。最高家族的来访。一个天使的致敬！"肯定是有人抹去了原始的涂鸦，并插入了被格里戈里所鄙视的标点符号，这本薄薄的小册子几乎难以辨认清楚，这是一本充满了对帝国的狂热赞歌和对犹太人仇恨言论的大杂烩，据称犹太人需要"不平等"。后者也可以理解为暗指斯托雷平的解放计划，但小册子里并没有提及他的名字以及他在剧院的死亡。但这也不足为奇：文本末尾的日期是"1911年8月"。但是，是在9月1日这一天，尼古拉二世失去了他最有能力的臣子。而且，由于具有精神分裂症的刺客是犹太人，因此人们出动三个哥萨克团，以避免最高访问的"伟大的日子"在血腥的大屠杀中度过。

我们只能从间接的线索来推断。其中之一是斯托雷平的继任者，弗拉基米尔·尼古拉耶维奇·科科夫佐夫的轶事回忆。作为新任总理，他去克里米亚给沙皇描述了他的治国理念，这基本上延续了他前任的政策。统治者感到满意，但是后来皇后也想私下与科科夫佐夫交谈，并告诉他一些令人震惊的事情："我注意到，您仍在把自己和斯托雷平进行比较。您似乎向他表达了太多的敬意，而且过于重视他的所作所为和人品。请您相信我，一定不要为那位不在世……的人感到难过。我坚信，斯托雷平之死是为了给您腾出位置，而这对俄国来说是最好的。"这并不需要太多想象就能够了解，皇后对斯托雷平的憎恨是由他干预了她与长老之间单独的联系而引起的。同时，这种直白的攻击也是她第一次公开尝试干预国家政治。

围绕拉斯普京的丑闻持续升级，这也为报纸提供了八卦的日常素材。人们私下谈论格里戈里与视其为死敌的前恩人的一次相遇：主教赫尔摩根和和尚伊利奥多尔。在几个目击者面前，他们狠狠地训斥了他一顿，赫尔摩根甚至用金属十字架打这位"圣人"。他们最严重的指控则是，拉斯普京与皇后有恋爱关系。与此同时，伊利奥多尔在公众面前对他进行了公开谴责：他拥有一些令人折服的文件，这是几年前他本人拜访波克罗夫斯科耶耶村时偷的，或是从醉酒的长老那里骗诱出来的，这其中就包括阿丽克丝和女大公们写给拉斯普京的亲密信件。尽管新闻界被严令禁止散布这种无聊的小道消息，但终究纸包不住火。在贵族阶层中流传着一封胶版印刷的皇后的信，一场巨大的丑闻即将发生，[1] 这既可以

---

[1] 挂在阿丽克丝闺房里的法国王后玛丽·安托瓦内特肖像也遭到过类似的命运。革命发生前不久，数十封据称是情书的信件，甚至还有一份伪造的所有与王后有放荡关系者的名单被散布出来。根据史蒂芬·茨威格传记的描述，这一名单中包含的男女共计 34 人。

揭露宫廷风气的败坏，又可以满足社会上被压制的性幻想。

尼古拉的妹妹谢妮娅女大公在 1912 年 1 月 25 日的日记中绝望地记录道："全世界已经知道并谈论过这件事了。太可怕了，他们所谈论的关于他的一切、关于阿丽克丝以及在皇村的一切……"第二天："因为需要查抄报道拉斯普京的某些报纸，人们在杜马提出了一项议案并且需要获得一致通过；现在，不幸的大臣们必须为此进行答辩吗？太可怕了！"反而是涉及此事的人表现得完全不受影响。因此，我们在尼古拉于 1912 年 2 月 11 日所写的日记中读到："格里戈里 4 点钟进来，我们和孩子们在我的书房里接待了他。看到他并聆听他的讲话真是一件令人欣慰的事。"

保守的杜马主席米哈伊尔·罗江科为了减少伤害要求与尼古拉的母亲进行私下交谈，希望能在她的帮助下觐见沙皇。

玛丽亚·费奥多罗芙娜：我听说，你想就拉斯普京和沙皇交谈。请您不要这样做，这只会令您难过。他无论如何不会相信您的。他是如此的单纯，绝对不愿意相信任何坏事。

罗江科：我有责任告知沙皇这些信息。这件事情太严重了，可能产生极其危险的后果。

玛丽亚·费奥多罗芙娜：真的这么严重了吗？

罗江科：陛下，王朝岌岌可危。我们君权主义者不能再保持沉默。我冒昧地祈求得到您的祝福。

玛丽亚·费奥多罗芙娜：上帝保佑您。但是，请您别伤害他太深。

几天后，沙皇寡母前往皇村探视她的儿子和媳妇。谢妮娅描述了这场谈话："妈妈很高兴她能坦率地表达自己的想法。现在他们已经听到并且知道大家说了些什么。但是，阿丽克丝为拉斯普京辩护，并且说他是一个与众不同的人，妈妈应该首先认识他……妈妈建议，既然现在杜马正在等候答复，他们就应该把他送走。当阿丽克丝坚持她的立场而不肯放弃的时候，尼基对此回答说，他不知道应该怎么做。"其他的干预手段也无济于事。在与一场与沙皇的第二个妹妹奥尔加·亚历山德洛芙娜的谈话中，阿丽克丝说："当说到格里戈里时，她只需要相信他，因为她会看到，他只要靠近这个男孩或为他祈祷，孩子的情况就会变好。"

通常情况下，当时8岁的皇储的行为与任何健康的孩子一样——他不在乎礼节规则。康斯坦丁大公的妻子看到了阿列克谢在午餐时的言行举止，并对此感到十分尴尬："他没有坐在桌旁，吃饭时表现粗野、舔盘子，并且还取笑其他人。沙皇不得不经常转身离开，也许是为了不干预这些，而皇后则斥责了坐在弟弟旁边的长女奥尔加，因为她没有好好看住他。但是奥尔加对他一筹莫展。"母亲、父亲和姐姐们照顾那个小孩子，并为他没有出现这种可怕疾病的症状而感到高兴。因为在任何时候它都有可能再次发作，所以，拉斯普京在沙皇夫妇眼中是必不可缺的。

1912年9月，在大肆庆祝纪念拿破仑战争获胜100周年之后，罗曼诺夫一家人启程外出度假。到达目的地斯巴拉行宫（今天的波兰境内）的路上要经过比亚沃维耶扎原始森林（今天的白俄罗斯境内），这是几片幸存的欧洲原始森林之一。[①] 在阿洛维察时，阿列克谢腿部受伤并因此陷入了他年轻一生中最严重的危机。在斯巴拉，腹股沟和胃部的内出血被止住了，但他有时会烧到40度以上，束手无策的医生们认为小病人快死了。甚至那个孩子自己也希望能够一死以减轻痛苦。第一次，他们向新闻界发布了正式公告，旨在让公众为最坏的情况做好准备。尽管如此，这对彻夜难眠和绝望的父母也被迫遵守了整个宫廷的安排。家庭教师吉利亚尔回忆说，玛丽亚和阿纳斯塔西娅女大公在饭厅表演了莫里哀的《中产阶级布尔蒂瓦姆》剧中的两个短景，而仆人则向公众提供鲜榨饮料。"沙皇没有让人看出他的焦虑，而是继续保持狩猎的热情，每天都有许多宾客参与晚间的照常活动。"

10月5日，阿丽克丝让她的朋友安雅发电报给波克罗夫斯科耶，请求"拉斯普京为这个男孩祈祷"。不久，这对父母就收到了答复："小孩子不会死。医生应该让他尽可能安静地待着。"在随后的日子里，他开始缓慢康复，尽管这次完全康复需要好几个月的时间。在这样的情况下，尼古拉和阿丽克丝不可能不相信奇迹：鉴于他们儿子的情况，他们只能寄希望于祈祷超自然的力量。事实证明，这种希望比王朝、国家杜马和新闻界的所有争论都要更加强大。

---

① 那里的国家公园也成为后来的掌权者钟爱的度假胜地，例如热衷于打猎的列昂尼德·勃列日涅夫。1991年12月，苏维埃社会主义联盟也在此宣告解散。

那个时候，长老在最严格的警察监控下生活在波克罗夫斯科耶和圣彼得堡之间。每天都被密切关注，任何去妓院或暴饮暴食的行为都没有被忽视。但是，这种所谓的"密切关怀"也恰恰是对他的保护——因为不排除有被谋杀的可能性。1914年6月29日，拉斯普京在波克罗夫斯科耶被前信徒希奥尼娅·古塞瓦用一把匕首刺伤，之后的紧急手术挽救了他的性命。据称，此次的暗杀任务是受伊利奥多尔和尚委托的。这个让许多人松了一口气，但是，让沙皇夫妇忧心忡忡的暗杀消息，却因为另外一场事件而失去了它原本的轰动效应。在此前一天，即6月28日，奥匈帝国军队在波斯尼亚所举行的一场军事演习期间，年轻的塞尔维亚民族主义者加夫里洛·普林西普在萨拉热窝用一把手枪杀死了奥匈帝国的继承人弗朗茨·斐迪南大公和他的妻子霍恩贝格伯爵夫人索菲。

第八章

七月危机中的沙皇

1914 年那个本应该缺乏新闻的夏天，许多政治人物、军队将领、政府首脑、大公和加冕的帝王们都在度假。萨拉热窝暗杀事件的消息散布开来后，每个人都对此感到震惊。但是没有人将这一消息与几乎即将发生的战争联系起来。无论如何，有了这个事件，休息的时间瞬间结束了。

当时，威廉二世正在他的"霍亨索伦"号游艇上度过他在基尔长达一个星期的假期。当天下午，一名官员骑摩托艇靠近并向他递交了关于这件事情的急件。作为第一反应，他取消了跑步比赛并向维也纳皇帝弗朗茨·约瑟夫发电报表示慰问。英国国王乔治五世在日记中写道："这给亲爱的老皇帝带来了可怕的打击！"但他转而直接进入了议事日程，因为他有其他担忧：信仰天主教的爱尔兰希望其国家独立，而且显然已经准备好，通过内战来实现这一目标。

据说，奥匈帝国的统治者对萨拉热窝事件有两种截然不同的反应。根据第一个版本的说法，皇帝在巴德·伊舍尔的夏宫吃完午饭后，副官爱德华·格拉夫·帕尔将军将急件放在托盘呈给他，这位老先生紧接着就说："那就开战吧！"当然，这并不意味着他想进行世界大战。第二种说法听起来更像隐秘的哲学话语："一种更高层的力量恢复了那个我无法维持的秩序。"确切地来说，是与他的侄子兼王位继承人之间的冲突。当时，王储犯了罪过，与"普通的"，也就是说，阶级不符的霍恩贝格伯爵夫人结婚。因此，这导致了弗朗茨·斐迪南的妻子绝对不能被接受成为皇后。现在，在不受欢迎的继任者过世的那一刻，"秩序被确立了"，因为接下来的自然顺位者，年轻的卡尔大公，有着完美的血统。从本质上来说，老皇帝口中的长句似乎更可信。

帝国对其最后一位代表性人物的疏远符合哈布斯堡王朝的形式主义，虽然他确实考虑过帝国的凝聚力问题。[①] 被弗朗茨·约瑟夫授予公爵夫人头衔的索菲不允许葬入帝国陵寝，然而大公却表示希望和她同葬。因此，他们决定将位于阿特斯特坦的肖特克－霍恩贝格家族城堡作为陵寝所在地。但是，之前的婚礼在维也纳的霍夫堡教堂举行。在作家布鲁诺·阿德勒所称的"第三等级的葬礼"上，人们也注意到了这一等级制度："公爵夫人的棺材必须比弗朗茨·斐迪南大公的棺材低几个档次。"死者的秘书，尼基奇·布勒·冯·埃斯特劳，在仪式上观察皇帝的言行举止并记载："灰白的脸上没有流露出丝毫的情感或悲伤……当典礼官告知他仪式结束时，他用他特有的敏捷姿态转过身，甚至不看两具棺材一眼就离开了教堂。"这里可以补充一下：他着急乘车前去巴德·伊舍尔继续他中断的假期。[②]

刚从克里米亚回来的沙皇一家则心情舒畅。此前，在"标准"号游艇上度假期间，他们曾于 6 月中旬在康斯坦察短暂访问罗马尼亚国王卡罗尔一世。这次访问同时具有礼节性、政治性和秘密

---

① 弗朗茨·费迪南希望通过纳入斯拉夫地区（捷克共和国，斯洛伐克）将奥匈帝国二元政权扩展为三位一体的政权。这一想法使他变得不受欢迎，尤其是在匈牙利。

② 很难相信欧洲最年长的君主想冒战争的危险。相反，他希望以一个和平皇帝的身份去世。那一年，他第三次获得诺贝尔和平奖提名。但是人们不会希望这一殊荣在国家元首任期结束前颁予他们。

性。除了通常的招待会、礼拜、正式午宴以及欣赏罗马尼亚乐团的音乐会外，以外交大臣萨佐诺夫为首的国家代表团还与罗马尼亚总理布拉蒂纳努进行了会谈。他们甚至还一起同车去了喀尔巴阡山脉。[①] 这次秘密外交的目的特别微妙：人们计划让 19 岁的奥尔加女大公与罗马尼亚王子即后来的卡罗尔二世国王（霍亨索伦－锡格马林根家族）结婚——这是萨佐诺夫的一桩心事，他本意想借此将喀尔巴阡山脉的这个国家与俄罗斯帝国更加紧密地联系起来。这起联姻可能是由于奥尔加的不赞成才失败——她向往一场和她父母一样出自爱情的婚姻，并且她也不愿意离开俄国。沙皇和皇后也没有逼迫她。他们还没有回到皇村就收到有关奥匈帝国王位继承人被暗杀的消息。"这则消息"，宫廷侍女索菲·布克斯赫夫登后来写道："深深地震惊了沙皇的一家。但一开始，没人预见到会发生这样的悲惨事件。每个人都在为法国总统雷蒙·普恩加莱的来访做准备，大家坚信，如果没有俄国的介入，巴尔干问题将得到解决。皇后早已计划好在克里米亚度过秋天，而且已经开始邀请宾客了。"

这个夏天，罗曼诺夫家族的几名成员都待在亲戚家或者休假。寡妇玛丽亚·费奥多罗芙娜皇太后去她在伦敦的姐姐，丹麦公主亚历山德拉那里做客，后者是 1910 年过世的国王爱德华七世的遗孀。从居住的马堡大厦出门后，她参加了名目繁多的文化艺术活动。她看了各种剧目——梅特林克的"蒙娜·凡纳"是当季最

---

① 驻布加勒斯特的奥匈帝国大使及后来的外交大臣奥托卡·切尔宁在他的回忆录中提到了一次特兰西瓦尼亚之旅，并随后对大罗马尼亚的征服计划进行了猜测。

佳——参观了艺术展览，在那里她发现这些图片"太过现代"，有时她还会疯狂购物。因此，在6月27日这天，她买了一枚胸针，"非常昂贵，但异常美丽，类似于王冠"。在星期天，即28日这天，她应邀在白金汉宫吃早餐。下午4点，玛丽亚·费奥多罗芙娜精疲力竭地从那儿回到马堡大厦。"在喝茶的过程中传来了一个可怕的消息：在波斯尼亚，弗朗茨·斐迪南大公和他的妻子被谋杀。这是多么残酷的事情啊！感谢上帝，两人死后合葬在一起了。"这位老太太不带评论地继续写道："7点钟，我们去王宫吃晚饭"，她在那儿会见了俄国大使本肯多夫伯爵。"不久之后，沙尔加平出现并献上优美动听的歌声。"

与此同时，皇太后的女儿谢妮娅和她的丈夫桑德罗也在英国的首都度假。桑德罗在他的回忆录中证实："对我们所有人来说，战争的谣言似乎都不大可信。"作为这群高等级游客中唯一一位受过军事训练的人，[①]他预感到灾难即将来临："我着急赶回俄国，但她们不想和我一起登上回程的东方快车，并试图说服我不会发生战争。"他本人于7月26日离开英国。尽管俄国大使已经多次对她发出了警告，但玛丽亚·费奥多罗芙娜直到8月2日才踏上回国之旅。高贵的旅行者及其仆人的回程变成了一场屈辱而又艰难的长途跋涉。她被禁止在德国境内旅行，并被暂时扣留在旅

---

① 对战争毫无忧虑的人还有谢妮娅的女儿伊琳娜和她的丈夫费利克斯·尤苏波夫王子。他们两人是新婚夫妇，度过了几个月的漫长蜜月——从巴黎前往开罗、耶路撒冷、罗马、佛罗伦萨，然后又回到巴黎（为了从珠宝商尚美巴黎那里取伊琳娜的项链以及她的红宝石、蓝宝石和钻石珠宝），并将伦敦作为蜜月的终点站。尤苏波夫的父母则享受了巴特基辛根疗养温泉，而肾病患者大康斯坦丁大公与他的德国妻子——萨克森·奥尔滕堡的伊丽莎白——以及两个孩子在巴德维尔东根度过了夏天。

馆中。在途中，深受战争鼓舞的德国人对她们进行了辱骂。直至绕道丹麦和瑞典的漫长旅行之后，他们才最终到达圣彼得堡。但是，即使是这种困难重重的归乡之旅，也不得不归因于他们的高贵和以往的往来，因为一个来自敌对阵营国家的普通百姓有可能会面临长达 4 年的拘禁。

沙皇对法国总统雷蒙·普恩加莱的接待是经过精心准备的。根据计划，俄国军舰"亚历山大"号应在彼得宫城的港口等待"法国"号巡洋舰的到来。客人到达之前大约有两个小时——有足够的午餐时间。坐在外交大臣萨佐诺夫旁边的法国大使莫里斯·帕里奥洛格斯设法与穿着海军上将制服出现的沙皇进行了简短对话。

尼古拉：我听说，您对德国的意图忧心忡忡。

帕里奥洛格斯：是的，陛下。尽管我没有特别的理由，但是我仍为可预见的即将发生的战争而担心。威廉皇帝和他的政府在德国营造了一种氛围，那就是，不管是在摩洛哥的某个地方、东方抑或是其他地方发生冲突的话，他们绝不会退缩或者进行谈判。

尼古拉：我不敢相信，威廉想要发动战争。如果您像我一样了解他的话！然后您就会知道，这种印象有多么的虚假！

帕里奥洛格斯：但是，如果战争威胁到他的话，他是否愿意或者可能会阻止它？老实说，陛下，我不相信这一点。

尼古拉：更重要的是，在紧急情况下，我们可以指望英国人。如果德国没有完全失去理智的话，它将永远不敢攻击结盟的俄国、法国和英国。

这场对话是在萨拉热窝刺杀事件三周后，所谓的 7 月危机[①]中发生的，该危机最初是奥匈帝国与塞尔维亚王国之间的一场冲突。维也纳要求——绝对是理所当然的——调查刺杀事件的同谋者与贝尔格莱德秘密组织"黑手"和塞尔维亚政治家之间可能的接触。与这一要求一起随之而来的可能性威胁在于，这个南斯拉夫国家与俄国有特别的关系。如果这个"联合王国"（奥匈帝国）试图使自己的目的最终得以实现的话，它可能会遭遇来自圣彼得堡的抗拒。在这种情况下，维也纳需要得到其长期盟友德意志帝国的支持。但是，柏林的直接干预将会引发德俄对抗。另一方面，俄国与法国和大不列颠又结成了三国同盟。如果遭遇到第三方的攻击，同盟国则有义务出兵。在共同利益和个人利益的这种纠葛中，剩下的唯一问题是，欧洲大陆的主要国家们是否把弗朗茨·斐迪南和索菲·肖特克的死视为解决旧账的合适动机。毕竟，几次这样的动机——波斯尼亚被奥地利吞并或者是两次巴尔干战争——都没有被好好利用。

在这场由外交官、政府首脑、参谋长和被新闻界所煽动的当时的公民社会所操控的部分公开、部分隐秘的博弈中，欧洲的君主们，无论是君主立宪制还是独裁的统治者们，都被赋予了从属的角色。7 月初，他们仍然采用拖延战术，并小心翼翼地不发表任何有约束力的声明。即使是看上去好战的威廉，也于 7 月 6 日宣布："我不相信会出现大的军事纠葛。沙皇不会站在凶手那边。此外，俄国和法国都没有做好战争的准备。为了不引起惊慌，我

[①] 七月危机又名萨拉热窝事件。——译者注

将在帝国总理的建议下开启前往北部国家的旅程。"实际上，第二天早晨，他就同随行人员一起登上了"霍亨索伦"号游艇，并如同往年一样前往令他赞叹不已的挪威峡湾。一方面，他的夏季旅行旨在向公众表明现状安全，另一方面，此次旅行也满足了贝特曼·霍尔维特总理的目的，即令他远离直接决策过程。

事实上也的确做到了这一点：在德国盟友的鼓励下，维也纳的外事部门向塞尔维亚政府下了最后通牒。首先，它要求让奥地利官员在塞尔维亚境内参与对此次袭击背景的调查，这完全是对塞尔维亚主权的侵犯。外交公文已经准备好，同时也得到了德方的赞同。但是，正式公布还需要等到法国总统普恩加莱离开圣彼得堡，这样，俄国和法国就无法协调好进行联合行动。7月23日，"联合王国"驻贝尔格莱德大使向塞尔维亚政府总理尼古拉·帕希奇递交了这项无法被接受的外交照会[1]，并规定了48小时内回复的期限。帕希奇于7月25日，截止期限前一小时，做出回应，以和解性的态度接受了奥地利人所提出的十点要求，只有两项因为貌似与塞尔维亚的宪法和刑法不符，所以他用最礼貌的方式进行了回绝。但实际上，奥匈帝国的大使馆早已在递交文书的几天之前撤离，在两国外交官会面的时刻，贝尔格莱德的火车站已经停靠了一辆蓄势待发的特别专列，以便搭载使馆的工作人员离开塞尔维亚。

---

[1] 报纸上的社论比外交官更为诚实。匈牙利的一份日报在 1914 年 7 月 25 日写道："塞尔维亚国王、塞尔维亚政府、塞尔维亚军队和塞尔维亚人民收到了必须在明天完成的命令。……塞尔维亚是应该选择服从这一具有外交史上绝无仅有的内容和措辞之命令，还是选择拒绝吻手礼和无条件的服从而走上自杀之路？"

奇怪的是，威廉皇帝还是待在他的"霍亨索伦"号游艇上。在那里，他与大陆保持着稳定的无线电联系。他发现塞尔维亚人的答复极为妥帖，并对此感到满意。无论如何，他在塞尔维亚外交照会的空白处写道："48 小时期限内的卓越成果！这已经远远超出了人们的预期！维也纳获得了巨大的道义上的胜利；但是，发动战争的一切理由都因此而消失了，吉斯尔本应该待在贝尔格莱德的。这样我就绝对无法下战争动员令了！"也许皇帝在不安的情绪中清醒地意识到，他不应该因为塞尔维亚和萨拉热窝事件而扮演战争驱动者的角色。不过，旁注是完全私密的且从未被有目的地转发过。在此期间，在巴德·伊舍尔度假的弗朗茨·约瑟夫收到了关于塞尔维亚人袭击他的军队的错误信息，随即在他的外交大臣贝希特伯爵所递交的产生灾难性后果的公文上签下了自己的大名。维也纳的军事动员也紧随着塞尔维亚的"即对也错"的答复而展开，威廉的假期也随之突然结束了。因此，奥地利和塞尔维亚的战争在根本上是一个既定的事实。只不过，人们有可能想知道，是否存在不发生战争的可能性。

在这个转折点上，帝国总理贝特曼·霍尔维特提出了在外交上利用表兄弟威廉和尼古拉之间家庭关系的想法。这样，就出现了两个君主之间著名的电报交换。它实际上并不是为了缓和以及防御战争灾难的发生，更多的是为了给双方的战争行为正名以及分配彼此应负的责任。当然，这些一开始用手书写，然后用打字机编撰出来的急件并不仅仅只证明了其作者的个人写作技能。德国皇帝背后可能是外交大臣冯·贾高，而他的俄国同僚萨佐诺夫则为沙皇执笔。这些在事实上根本毫无意义的通信则是威廉和尼古拉之间最后一次的直接接触。

威廉（7月28日）　考虑到将我们长期牢固地联系在一起的亲密友谊，我……会发挥我全部的影响力来促使奥地利－匈牙利与俄国努力达成开放且令人满意的相互谅解。我衷心希望，你能支持我努力消除可能出现的任何困难。你非常真诚和忠诚的朋友及表哥，维利。

尼古拉（7月28日）　我很高兴你在德国。在这个非常重要的时刻，请你帮助我。他们向一个弱小的国家宣布了一场可耻的战争，在俄国，我承受了巨大的愤怒。可以预见的是，我将再也无法承受施加在我身上的压力而被迫采取导致战争的手段。为了防止发生诸如欧洲大战之类的不幸事件，我请求你，以我们过去的友谊为名，尽一切可能阻止你的盟友走得太远。

威廉（7月29日）　我已收到你的电报，我非常明白你对和平的渴望。但是，我不能将奥地利－匈牙利的行动视为一场"耻辱的战争"。我认为，它的行动应被视为一种试图得到全面保证的尝试，那就是塞尔维亚的诺言应该被真正付诸实践。在这方面，奥地利内阁的发言令我倍感鼓舞，那就是，奥地利－匈牙利不打算以塞尔维亚为代价征服任何领土。[①] 因此，我认为，俄国完全有可能在面对奥塞之战时扮演旁观者的角色，而不会把整个欧洲

---

① 实际上，奥匈帝国最低限度的——对于德意志帝国而言众所周知的——战争计划是将贝尔格莱德作为"抵押品"占领。

卷入它曾经经历过的最可怕的战争之中。

尼古拉（7月29日）　　感谢你的感同身受而又友好的电报。但相反的是，今天，你的大使向我的大臣所发出的正式公文的语调则与此大相径庭。①我请你澄清一下这种区别。向海牙会议②提出奥地利－塞尔维亚的问题是值得推荐的。我相信你的智慧和友谊。你亲爱的尼基。

威廉（7月30日）　　如果俄国……动兵攻打奥地利－匈牙利，那么很有可能，你以友好方式委托我担任的调解角色……也会受到威胁。现在，决定的全部重担都落在你的肩上，你有责任决定战争抑或和平。

尼古拉（7月30日）　　我衷心感谢你的迅速答复。……所有的军事准备都是五天前决定的，其目的是为了防备奥地利的战争动员。我衷心希望，这些措施绝不会影响你作为调解人的立场，这点我高度重视。

尼古拉（7月31日）　　我衷心感谢你的迅速答复。从技术上讲，不可能停止我们的军事准备……。只要与奥地利就塞尔维亚问题进行的谈判继续下去，我的军队就不会执行任何挑衅性行

①收到这封电报前不久，德国驻圣彼得堡大使普尔塔雷斯伯爵已通知俄国外交大臣萨佐诺夫，如果俄国不停止其军事准备，那德国也将动员其军队发动战争。
②海牙会议是在沙皇的倡议下于1899年成立的，旨在促进裁军和友好解决国家间的冲突。然而，1914年7月底，在海牙仲裁法庭上引用奥匈帝国的说法是不现实的。

动。我承诺你。……你真诚的尼基。

威廉（7月31日）　　对德意志帝国安全的责任迫使我采取防御性对策。我将竭尽全力为维护世界和平而努力。现在，不仅仅是我一个人需要对威胁整个文明世界的灾难负责任，它也掌握在你的手中，你可以阻止它的发生。……对我来说，与你以及你的帝国的友谊一直都是神圣的，当俄国处于困境时，尤其是在上次战争中，我忠实地站在俄国这边。[①]如果俄国决定停止军事措施，那么欧洲的和平就能得以维护。

尽管有不明来历的合著者的明显干扰，但是，该些书信还显示了表兄弟之间较早期信件往来的风格特征。威廉表现得有攻击性、像老师一样循循诱导而且愤世嫉俗，而尼古拉则比他的普鲁士表兄表现得更害羞、仁慈而且神经大条。柏林发来电报之后，他甚至打电话询问国防大臣弗拉基米尔·苏莫姆利诺夫[②]能否停止军队动员或者至少减少一部分军事动员。有经验的将军如此答复道——以他的观点来说完全确切——军事动员不可能像汽车这样可以随时停下来然后继续行驶。无论如何，这也合乎战争心理的一种不自觉行为。

埃米尔·路德维希，著名的出版人和报告文学《1914年7月》

[①] 此处暗指德国日俄战争期间对俄国舰队的秘密援助。抵销旧债务是施加外交压力的最佳方法之一。例如，外交大臣萨佐诺夫便以这种方式在与奥匈帝国大使的争执中，指责他在克里米亚战争期间对俄国不感恩的态度（另见第一章）。

[②] 在7月危机之初，苏莫姆利诺夫和许多俄国贵族一样正在休假途中，与他的妻子一起参观埃及的金字塔。

的作者，他试图用文学心理学的方法来解释尼古拉的状况。他是这样评论有关沙皇认为加载在自己身上的诸多压力的："这位世界上最有权势的君主，历史上最后的一个独裁者用这样的语句承认他自己的软弱无能，还有比这更感人或更荒谬的话吗？……如果没有安定的内阁，甚至没有拉斯普京的帮助，这位沙皇该如何应对他虎视眈眈的大公叔叔？"人们甚至可以继续问下去：这些影响世界政治格局的所有当事人，他们能做些什么来抵御因其长期行为或疏忽而导致的意外以及计划外而产生的后果呢？他们能做什么来防范战争，这场逐渐以它的方式从和平中孕育且爆发的战争呢？他们所负的责任可以具体说明如下：奥地利的最后通牒和德国的支持无疑加速了整个事件的发展。而决定性要素则是英国的双重立场：如果大不列颠帝国能够明确表明，对其任何盟国的攻击都会自动导致英军向德国宣战，那么德意志帝国可能会放弃这场冒险。然而，随着德军最终于8月初占领卢森堡和比利时①，威廉彻底打碎了人们对和平的一切希望。这些显然相反的因素形成了一个连贯的复合体。

1914年8月2日："在冬宫前的广场上，到处都是拥挤的人群，他们举着旗帜、圣像和沙皇的图像。沙皇走上阳台。突然，每个人都屈膝跪下，俄国赞美诗的歌声响起。在那一刻，对那些匍匐在地的民众来说，沙皇看上去确实成了君权神授的统治者，是他子民在军事上、政治上和宗教上的领袖，是每一个躯体和灵魂的

①8月底，德国对比利时鲁汶市的轰炸使两个阵营的知识分子都站到了对立面。"你们烧了鲁本斯！"罗曼·罗兰在写给戈哈特·豪普特曼的公开信中这样抱怨道。但这位德国诗人侯爵则回答说："我们敬重鲁本斯！"但"战争就是战争"。

主人。"目击者帕里奥洛格斯描述了这肤浅而又戏剧性的一刻。①
更重要的是，尼古拉步入了他最讨人喜欢的历史性时刻。他刚刚
在冬宫的圣乔治大厅就战争向人民庄严宣誓："只要我们家园的
土地上还有任何一名敌方士兵，我就不会缔结和平。"这句话几
乎是原汁原味地转述了沙皇亚历山大一世的著名誓言，后者是在
1812 年 5 月收到有关拿破仑大军袭击事件的消息后发表这一名言
的。对于罗曼诺夫家族成员来说，德国的宣战是令人震惊的。当
尼古拉给他们转达信息时，家庭教师皮埃尔·吉利亚尔在场，"皇
后开始哭泣，当女大公们看到母亲那么悲伤时，她们也哭了起来。"
尤其是玛丽亚和阿纳斯塔西娅这两个年幼的孩子，他们完全不能
明白，友善的威廉叔叔怎么能对他们做这么糟糕的事。对于阿丽
克丝而言，战争的爆发首先意味着与他们在达姆施塔特的亲戚的
分离，然后是担心家庭中的男性成员会被召集入伍并与敌人的部
队进行战斗。皇后丝毫也没有感受到要对德意志帝国担负起忠诚
的责任。作为黑森公国的女儿和英国维多利亚女王的外孙女，她
迄今为止都很安全。同时，她开始逐渐认同所有俄国人的狂热。
在那些对战争过度兴奋的日子里，皇室所有成员都尽力地履行自
己的职责：大多数受过军事训练的男性们都挺身而出前往前线，
而女人则主要参加野战医院或者为士兵们提供补给。甚至尼古拉
也已准备好面对这段时期大家日益增长的期望。当他任命叔叔尼
古拉·尼古拉耶维奇大公（尼古拉沙）为总司令时，他补充说："直
到那一刻，到我自己可以与军队在一起的那一刻。"无论如何，

---

① 法国人在尊重俄国人的激昂之情时仍然无法抑制讽刺之辞：1905 年 1 月在同一
个广场上，即便是同样持有圣像和沙皇画像的工人在"如父亲般的沙皇"的宫殿
前游行时还是遭遇到了开枪射击。

作为帝国的君主，他直接成为战争的统帅。但是由于缺乏军事训练以及他善变的天性，在对日战争期间，他无法成功地或者是令公众信服地履行他的职责。

第九章

一筹莫展的战争统帅

以一场败战为开端，俄国卷入了世界大战。1914年8月30日，兴登堡和鲁登道夫率领的德国军队在坦能堡附近成功包围了入侵东普鲁士的俄国第二军团。此次战役共计有约30000人次的伤亡和95000名战俘。尽管后来的战役造成了更多人员的伤亡，俄国的武器也给敌人以巨大的回击，[①] 但是公众还是将第一次重大失利视为格外的凄惨。战役失利的消息从一开始的密而不发到后来变得众所周知。总司令亚历山大·萨姆索诺夫将军因他引以为豪却被摧毁的军队而开枪自杀。据说，他在自杀前不久对他的军官们说："沙皇是如此的信任我，但是，这场灾难之后我该如何面对他？"

无论如何，将军至少不应该对战役的失败负全部责任。相反，它显示了领导层的所有问题。战争动员还没有结束，俄军就已经开始挺进东普鲁士。然而，本来应该大有可为的进攻却得不到充足的物资保障——精锐部队和指挥官距离核心部队只有一天的车程，技术装备和补给却完全无法跟上，而在几乎无法通行的马祖里湖区的长途行军使得士兵们筋疲力尽。另一方面，兴登堡将军和鲁登道夫将军利用了敌军在这方面的不足。此外，他们能够通过窃听无线电通信而准确地追踪俄国部队的动向。[②] 然而，分散的进攻却被证明是战争失利的最主要原因，当然，这背后也隐藏

①几周后的1914年9月11日，俄方第三军团在拉瓦战役中摧毁了奥匈帝国的军队，这场战役导致伤亡和被俘人数达到了350000人。这位历史学家甚至写到了有关个人的经历：在这场战役中，我的祖父成了俘虏，他从此一去不还。

②德国军事情报部门甚至从日俄战争起就对萨姆索诺夫和帕维尔·伦纳坎普夫将军之间的死对头关系了如指掌。他们参与行动的第一军团不能也不愿意给予友邻部队帮助。

着俄国战争策略的不确定性。

　　"只要我们家园的土地上还有任何一名敌方士兵，我就不会缔结和平。"尼古拉于 1914 年 8 月的庄严承诺已经包含了战争的目标之一：防御德国及奥匈帝国的进攻。从纯粹的时间顺序来看，这是一场防御性战争，因为宣战来自另一方。但是，"家园"一词却不甚精准，因为战争是在一个曾经被称为波兰，且大多为波兰人所居住的国家的领土上进行的。另外一个开战的借口就是奥匈帝国对塞尔维亚宣战，这场进攻使得俄国有了借口对它的斯拉夫兄弟履行所谓的义务——鉴于斯拉夫民族内部的巴尔干战争，这更像是一种抽象的道德承诺。11 月 1 日，俄国对奥斯曼帝国宣战，想借此实现其历史愿望，即统治达达尼尔海峡甚至是占领伊斯坦布尔——前君士坦丁堡的愿望。在圣索菲亚大教堂上重建十字架的梦想受到了意识形态的鼓舞——俄国视自己为 1453 年被奥斯曼人所征服的拜占庭帝国的合法继承人。

　　但是，由于俄国不是单独，而是与英国和法国结盟派遣士兵开赴战场，所以必须在共同战略中考虑到各自的战争目标并相应地进行协调作战。尤其是，俄国被要求集合在东部前线的主力部队的大量兵力，以减轻几乎无法承受且已经严重威胁到巴黎安危的来自德国的巨大压力。俄国方面的应急措施包括在东部战线上部署庞大的特遣队。沙皇帝国与其他交战国相比所拥有的唯一优势就是部队的人数，那就是可以成为炮灰的士兵数量。

　　坦能堡战役之后，为了寻找替罪羊，首先，西北战线的总司令雅科夫·斯林斯基将军企图将责任推给死去的萨姆索诺夫——这一做法当然是徒劳无功的。此后不久，他被解职。紧随其后的是伦纳坎普夫将军，他源于波罗的海的德国名字给敌对者提供了合适的箭靶。9月中旬，他率领的俄国第一军团输掉了马祖里湖战役，他不仅被停职，甚至被指控涉嫌暗中叛国。这样的替罪羊当然并不能使爱国的民众们感到满意。在圣彼得堡的沙龙中，迟早要提到陆军总司令兼大元帅、沙皇叔叔尼古拉·尼古拉耶维奇大公的名字。于是，一个小规模的，仅仅由一个紧密的圈子所发起的反对第二号人物的战争启动了。

皇后与她丈夫的通信总是非常亲密。当沙皇在巴拉诺维奇总部或在部队视察时，阿丽克丝每天都通过信使给他寄信，而尼古拉则尽可能地回信。此外，他们一次又一次地用电报进行交流。尤其是皇后认为，以华丽的辞藻、感性的风格和一定程度的冗余感表达她的感情非常重要。"我祝福你，用一颗无法言喻的爱心所拥有的全部热情亲吻你亲爱的脸、你的脖子和你的手！"这一封信听起来像告别，而另外一封则是："我渴望你的亲吻和拥抱，与你这个羞涩男孩，这是你在黑暗中送给我的礼物。"她甚至告知她的经期规律，当然使用了约定的密语："贝克尔夫人拜访了我"或"机修工到了"。此外，这位女士还不断地向丈夫通报她在野战医院里所做的护士工作、讲述有关家庭生活的细节、描述阿列克谢的健康状况，并不时就当前的战事分享自己的看法。但是从一开始，他们之间的通信往来还隐隐包含了第三个人言论的信息。例如，在1914年9月20日（10月3日）的一封信中如此写道：

"我们的朋友为你去总部感到高兴。他对昨天与你的会面也感到非常愉悦。他一直担心那个伯纳尔，或者说是那群乌鸦[1]，他们想要他登上波兰或加利西亚的宝座，但我告诉他，要让他放心，你在任何时候去冒这样的风险，都是完全不可想象的。G深深地爱着你，尼古拉沙所扮演的任何角色，对他来说都是无法忍受的。"这个令人费解的句子大致可以如下解释：沙皇在前往巴拉诺维奇的前夜与拉斯普京会面，后者担心尼古拉也许会允许"伯纳尔"，也就是尼古拉·尼古拉耶维奇大公在波兰或加利西亚[2]称王，而"乌鸦们"，即大元帅的妻子斯塔娜和她的妹妹米利卡会劝说他同意。但是，在碰面的时候，这位"长老"没有将这个完整的阴谋告诉沙皇，而是让皇后通过第三者传达给他。根据皇后的说法，在涉及沙皇坚定性的事情上，这个可以让格里戈里放心的"她"，就是安雅·维鲁波娃。就这样，皇村的三重奏又凑齐了。

归功于紧急手术而从希奥尼娅·古塞瓦的刀下幸免于难后，"圣人"又出现在了圣彼得堡和彼得格勒，并继续他之前因为身处波克罗夫斯科耶村被被迫停止的各种活动。他在哥若克霍夫斯卡亚大街上的公寓是他社会活动的中心之一，而他在夜间放荡的生活激起了普通民众对于建立更美好社会的渴望。他一直维系着

---

① 俄语中使用了单词"галки"（＝寒鸦），但通信语言为英语，其原文使用了"crows"一词。

② 加利西亚是旧地区名，在今波兰的东南境，属维斯瓦河上游谷地，富农林和石油资源。居民西部为波兰人，东部为路得尼亚人，历史上长期为俄、奥争夺目标。1795年第三次瓜分波兰时，西加利西亚被奥地利占据，1867年东部亦被占据。第一次世界大战后，奥匈帝国瓦解，加利西亚归还波兰。——译者注

与统治家族的亲密关系，只不过现在更加谨慎而已。这种情况的新变化在于，拉斯普京以前将政治仅仅视为一种潜在的威胁，这种威胁会干扰他对沙皇的影响力，而现在，他开始对此产生了特殊的兴趣。甚至连皇后本人也不满足于世界大事上仅仅扮演一个被动观察者的角色。她最初的一般性的言论逐渐集中于一个唯一的主题："尼古拉沙"，而她的笔尖似乎是由那位几乎没有任何书写能力的农民所引导的。

11月底，在东普鲁士的进攻失利后，她仍然谨慎地表示："我不相信城市里的流言蜚语，我只相信尼古拉沙所发布的信息。尽管如此，我还是要求安雅·维鲁波娃向我们的朋友发电报，告诉他这个坏消息并请求他的祈祷。"几个月后，她击中了沙皇最敏感的弱点，他的自尊心。"安雅要求我告诉你，在你的宣言中不止一次地提到了总司令，但它应该只能是你亲自发命给人民的。"1915年4月1日："即使尼古拉沙的地位很高，你仍然凌驾于他之上。尼古拉沙以你的风格在他的电报中……如此表达，这让我们的朋友以及我都受到了伤害。"4月6日，当沙皇想参观被攻占的普雷米斯尔和伦贝格时，"我将请我们的朋友为你祈祷。但请原谅我告诉你：陪伴你并不在尼古拉沙的职权范围之内。当你第一次出现在军队面前时，你必须是领导者。"第二天，她再次强调："他不喜欢尼古拉沙和你一起去。他认为，如果你一个人去，那就再好不过了。"

后来，当占领这两个要塞被证明是一次付出极大代价而获得的胜利，华沙不久之后沦陷以及俄国军队不得不撤离波兰时，亚历山德拉以往总是充满爱和渴望的信就变得更具侵略性。6月10日的来信："尼古拉沙只需要考虑军队以及取胜。而你这么多年来则承担着内在的责任。如果他犯了错误，那么你以后必须纠正它们。听我们的朋友的话，相信他吧，他把你和整个俄国的利益放在了心尖上。"6月12日："如果尼古拉沙是另外一个完全不同的人，而且没有反对上帝派来的圣人该多好啊。这总是给他的工作带来了不幸！这些女人——斯塔娜和米利卡——阻挡了他的改变。"6月13日："尼古拉沙绝对不聪明，他总是自以为是而且容易被别人所误导。他难道不是我们朋友的敌人吗，这难道没有带来不幸吗？"6月24日："到部队去，不要告诉尼古拉沙。当你说，不告诉他任何事情是不光明磊落时，你的想法是错误的。……只要你一告诉尼古拉沙，总部的间谍立即就会让德国人知道，然后他们的飞机就会去那……"

这些几乎每天都会收到的来自皇村的诸多信件纯粹属于个人仇恨。拉斯普京最初是尼古拉沙及其黑山妻子和妻妹面前的红人，沙皇夫妇也本应该"感谢"她们让自己认识了长老。但是现在，从所居住的兹那门卡城堡开始，她们就无所不用其极地散布谣言去陷害这位新贵。拉斯普京返回首都后，原本打算前往总部向战斗中的军队展示他神奇的布道术，但总司令针对他的这种试探表示，如果拉斯普京胆敢如此，他就会立即绞死他。事实证明，这种屈辱是这位长老带着狂热的毅力坚持不懈地诋毁他的主要动机。无须成为一个高深的心理学家，人们也可以了解这位农奴后裔的这种毁灭性的愤怒——在这里，他狠狠地还击了世俗和教会的精英们，且带着农民领袖普加乔夫^①的复仇欲和果戈理作品里的冒名顶替者赫列斯塔科夫的恶意。但是，与果戈理杜撰的钦差大臣不同的是，钦差大臣愤世嫉俗地利用了小城市市民的愚蠢和腐败的环境，而长老可能对他的使命深信不疑，并且，如果他真的具有催眠技能，那么他最大的成就就是对自我的暗示，暗示自己是俄国的救世主。

尼古拉·尼古拉耶维奇作为大元帅被推翻当然不仅仅出自拉斯普京和皇后之手。俄国社会对于战争最初的欣喜之情早已幻灭，而有关速战速决的信念也早已消失。前线和后方供给的短缺最初引发了针对德裔少数民族的大屠杀情绪——他们被右翼小报污蔑为"骨子里的德国人"——以及对间谍活动歇斯底里的不满情绪^②。越来越多涉及的问题是，领导层中的德国元素应该为俄国的惨败负责。在1915年6月的莫斯科骚乱中，阿丽克丝的姐姐，伊丽莎白女大公^③（艾拉）在大街上被围攻了。同一时间，政府与国家杜马之间的"神圣约定"即将结束。最重要的是，极端政府主义者和右翼民族反对派给统治者带来了很多麻烦。但是，总司令离职的方式很明显地带有长老的痕迹。

---

① 这位哥萨克农民领袖四处散布消息说，他就是皇后莎拉·凯瑟琳想要追杀，但实际上逃过一劫的继承人彼得三世。

② 这场歇斯底里事件中最著名的受害者是谢尔盖·贾索耶多上校，他在春季以涉嫌间谍活动之名而遭到逮捕。尽管军事法庭在没有证据的情况下未达成统一的意见，但根据尼古拉·尼古拉耶维奇的指示，他（"尽管如此"）还是被处决。

③ 自其丈夫谢尔盖大公于1905年被暗杀后，担任女修道院院长的艾拉被怀疑将她与阿丽克丝的兄弟——达姆施塔特－黑森的恩斯特公爵——藏在了她的修道院之中。

8 月底，面对严峻的局势，沙皇决定亲自接管军队的领导，而为了保住脸面，尼古拉沙被任命为高加索阵线的地方长官兼总司令。为了接手一切事物并与新任命的总参谋长阿列克谢耶夫协调战事，沙皇驱车前往位于莫吉廖夫的新总部。阿丽克丝欢呼道："你为自己的国家和王位而勇敢地进行了这场伟大的战斗——独自一人，带着勇气和决心。你必须表现出你作为独裁者的统治地位，否则俄国将不复存在！"

　　毫无疑问，皇后主要是被拉斯普京的魅力所鼓动。她对她儿子的圣人和救世主深信不疑，这种信念也不会因任何其他污蔑长老的信息而发生动摇。与这种类似于神秘的联系同时发生的是，她受到巨大的同化欲望的启发：一个来自黑森州偏远乡下的女孩深陷成为俄国人这一诱惑的漩涡，渴望自己被当时世界上最强大的国家的人民接受。对比那些批评自己国家及社会的俄国人来说，她更相信臣民孩子般的热爱，相信田园生活，这一切似乎只会影响到少数杜马议员、阴谋家、记者和犹太人。

　　那么沙皇呢？尽管有时他不理会妻子的来信，但他为何会在这个严肃的决定中屈服于妻子的压力呢？当然，他担心阿丽克丝的歇斯底里和涕泣，并想当个好丈夫。然而，他也并不完全相信自己的行为是正确的。他在从莫吉廖夫给阿丽克丝的第一封信中坦率地承认："现在，新的一页开始了，上面写的内容只有全能的上帝才知道。我签署了我的第一个命令，并用颤抖的手附加了几句话。"在同一封信中，他感谢他的"亲爱的阳光"，因为她承诺，在他留在总部这段时间将替他履行职责。"好可惜，你很久没有履行这项职责了，或者至少是现在，在战争期间。"他对阿丽克丝不以为然，也并没有意识到她将会多么毫无约束地将这项任务付诸实践。

尽管如此，把尼古拉看作一位惧内的人是不公平的。在与政府以及他的母亲谈话时，尽管后者明确地将这一决定归因于拉斯普京和阿丽克丝的影响，并认为这是一项致命的决定，他也强硬地声称，在当前情况下，作战部队需要这一决定——此种说法看上去也是为了说服颇具怀疑态度的桑德罗。"尽管人们可能会怀疑，他长期远离首都是否对内政有利，但他对军队负责任的立场以及担任总司令这一决定是绝对正确的。没有人能比沙皇做得更好，他可以激励我们的军队创造出新的英勇事迹，并清洗那些不称职的将军和政治家们。"当然，桑德罗清楚地知道，他的连襟除了能够增强士气之外毫无用处，他将希望寄托在因此而被任命的总参谋长阿列克谢耶夫身上，对于他来说，阿列克谢耶夫"不是拿破仑，甚至不是鲁登道夫，但他是一位出色的战略家。"①

无论如何，沙皇离开皇村的出行对于放松心情是很有好处的。自由派的杜马政治家米留科夫在回忆录中虽然有点恶毒但是真实可信地描绘了新任总司令在莫吉廖夫的日常生活："彼得堡宫廷的阴谋诡计和八卦故事，抑或是前线大炮的射击都无

---

① 阿列克谢·布鲁西洛夫将军对此表示了更多顾虑。尽管他对阿列谢耶夫的能力给予了积极的评价，但他在回忆录中补充说："除了真正的总司令之外，他还将是一名完美的参谋长，但是除了作为一位必须领导行动并需坚定其摇摆不定之意志的最高指挥官以外，他完全不胜任。" "在这场战争的这一艰难时期对大元帅的罢免也使盟国及其外交官们感到担忧。"

法到达他的身边。10 点钟，他去了参谋长阿列克谢耶夫将军那里……。阿列克谢耶夫站在一张大型的壁挂式地图前向他报告了过去 24 小时内军队的动向，并阐述了他对进一步行动的想法。和会议相比，这更像战情通报，沙皇只需要同意即可。早餐后是饮茶时间。晚上 7 点以后，信使带着皇后从圣彼得堡的来信到达，在信中，她每天描述发生的政治事件，并提出了建议，简单地说来，就是根据她的想法，绝对不要遵循阿列克谢耶夫的计划。"

这个相对遥远的距离为实际上身负重担的统治者提供了令人舒适的喘息时间，甚至是晴朗的喜悦日子，尤其是当他于 9 月底将继承人带到总部，并将他介绍给军队的军官和士兵们时。当时，11 岁的阿列克谢是一个迷人而聪明的男孩，在这些日子里，他和他的父亲一起度过了不受宫廷约束、自由自在的时光，而沙皇又将自己纯私人的幸福通过信使告诉了皇村："并肩睡觉真是太舒服了，自火车出发以来，我每天晚上都与他一起祈祷，他说祈祷词的速度太快了，几乎无法跟上他。他非常喜欢阅兵，他一直跟随我，在部队经过时一直站着，太棒了。我永远都不会忘记这场阅兵。"沙皇感觉到自己正处在第七层天堂之上——但与此同时，帝国首都地狱般的日子开始了。

1915 年 3 月，拉斯普京在莫斯科豪华餐厅"亚尔"的包间内寻欢作乐。后来，喝得醉醺醺时，他告诉来宾们——其中包括两名记者——有关他诸多爱情故事中的有争议的细节，也提到了来自"更好的阶层"中的女性的名字。他以自己与皇后的杰出关系为傲，并简称她为"老妇人"。最后，长老骚扰了舞蹈团里的吉普卜女人。在喧闹声中，许多神志不清的客人离开了"亚尔"——他们不想等待警察的出现。小报的报道使这起丑闻在全国范围内人尽皆知。宪兵司令德永科夫斯基将军通知了沙皇，但他很快就被解职并派往前线。尽管如此，尼古拉还是向长老建议返回波克罗夫斯科耶，这显然是来自即将开幕的国家杜马的压力，人们决定在此期间对这起令人难堪的事件进行质询。

然而，沙皇陛下一离开，貌似已经停止的流言蜚语就再次出现在首都。但是，这次不再是小报兴风作浪，而是严肃保守的"Birschewije Wedomosti"（证券交易所公报）。在报上，新闻记者温贾明·鲍里佐夫首先披露了一系列"长老拉斯普京的简历"，此外，除了已经众所周知的丑闻事件之外，该新闻还披露了格里戈里和高层接触的秘闻。尽管没有提到沙皇和皇后，但法国大使帕里奥洛格斯却惊讶地发现，这篇文章居然被批准刊登了，因为以前带有类似内容的文章都会立刻被扣而不发。[1]他猜测，最新被任命的内政大臣尼古拉·谢尔巴托夫侯爵在这起丑闻爆发后的任职时间应该不会太长。果然，这位外交官的预测被证实了：仅仅几个星期后，谢尔巴托夫收到了来自沙皇的"丝线"[2]——他被停职了。

---

[1] 大使引述道："像这样的悲惨冒险家怎么能够嘲弄俄国？想到官方教会、圣教会议、贵族、部长、参议院以及国务委员和杜马的许多成员在这条可怜的狗面前令自己蒙羞，这不是令人震惊的吗？今天，俄国要结束所有这一切。"该日期无误，但这段引用的文字在该版本中找不到。

[2] 这里指沙皇诏书。——译者注

然而，解职和新的任命在当时的俄国社会并不会让任何人感到惊讶。时代见证者和历史学家们都非常清楚地指出，在过去的一年半中，沙皇政权里有4位总理、5位内政大臣、4位农业大臣和3位战事大臣先后被替换。杜马议员弗拉基米尔·普利希克维奇无不讥讽地以"大臣跳山羊"来形容在任者们异同寻常的职位变动，无论是过去还是现在，当人们回过头来看待这一切时，得出的结论都主要归因于拉斯普京－维鲁波娃－皇后所组成的三人集团。实际上，阿丽克丝写给总部的信里几乎包含了所有掌权的政治家、军事和教会要人的名字，并且几乎总是直接或间接地提及"我们朋友的愿望"。似乎连微小的细节他也很关注，因此，他通过皇后向尼古拉请求，"向塞尔维亚国王发送电报，因为他非常担心保加利亚对他们采取断然的措施"。阿丽克丝认为这个建议非常重要，因此她通过信使往莫吉廖夫发送了几封带有沙皇信笺抬头的空白电报，即使按照俄国的标准，这也是对官方程序的残酷干涉。绝非偶然的，通过私人渠道了解信息的公众有了一种印象，那就是俄国的命运掌握在一个未开化的农民和一个"德国人的"皇后的手中，这两人将使这个国家陷入衰亡。

　　这当然少不了拉斯普京的所作所为。他不仅在醉酒时自夸与"爸爸"和"妈妈"的亲密关系，而且还为所欲为。警察机构派遣11名特工不分日夜地监视他，根据警方的秘密报告，他每天在自己家里接待80～100名左右的请愿者——从乞丐到大臣。据此，在他著名的、充斥着拼写和句法错误的《小册子》①里，涉

————————

① 直译为小纸条。——译者注

及日常的琐碎小事以及国家的重要事项。在一封写给总理戈尔米金的密信里写道："亲爱的，请奉上帝之名听取这些言论的传递者，他应该听从你的建议，并在你的智慧前屈服拉斯普京。"①

给皇宫侍卫长沃列科夫的则是："我忠诚的亲爱的儿子，工程师库尔琴斯基被侮辱，虽然你像我一样同情他，他已将我的150只胳膊放下，请任命他在铁路总局里担任被解雇的工程师鲍里佐夫的职位格里戈里。"其他小条中，他的涂鸦还包含了威胁性手势，例如写给萨佐诺夫的："听着大臣，我给你送了一个女人，我不知道你说了些什么流言蜚语给她马上停止然后杀了她，然后一切都很好，如果不是，那么我就说你的坏话他爱你。"事实上——不管是不是受到拉斯普京的驱使，这一点还尚未明确——外交大臣于1916年8月在芬兰疗养期间被解职。"沙皇统治这里，但皇后却被拉斯普京所唆使。"他对此郁闷地进行了评论，作为正统的东正教徒他也补充道："上帝保佑我们！"

当然，这种政治上的超现实主义在这个政权体系的消亡中发挥了作用，正如"大臣跳山羊"一样，后者粉碎了只是在勉强运转的官僚机构。但是，仅仅三个人就能摧毁一个帝国简直是不可想象的。此外，在君主制存在的最后一整年中，俄国还并没有完全处于深渊边缘。军事方面甚至出现了一些转机。1916年夏季和初秋，布鲁西洛夫成功的攻势使俄国军队再次靠近奥匈帝国边

---

① 此处本为许多语法错误。——译者注

境[1]，甚至被放逐到高加索战线的尼古拉沙大公也成功了——但这更可能要归功于他的参谋长尼古拉·尤登尼希将军——击败土耳其军队并占领埃尔祖鲁姆：通向安纳托利亚的道路已经打开。此外，协约国赢得了先前两个中立的国家——意大利和罗马尼亚——以各种领土承诺，而同盟国只能指望保加利亚加入战争。但是，尽管有这些相对有利的预兆，俄国境内还是普遍存在一种灾难的预感。

这种黯然的想法从一开始就存在，除了因为日俄战争所造成的苦涩记忆之外，同时也与沙皇本人联系在了一起。一方面，尼古拉二世仍然被群众广泛认为是君权神授的唯一统治者，另一方面，由于接连不断的惨败，许多人都将他视为不祥之人，甚至连他的掌纹都预示着他的不幸。法国大使帕里奥洛格斯的线人正是如此表达的，这使得这位外交官惊讶地瞥了一眼："大使先生，您意想到什么了？我们是俄国人，所以是迷信的。"他列举了所有不幸，从加冕典礼上的大规模死亡事件到继承人的血友病，再到当着沙皇的面他的总理被谋杀。此外，他也不忘提及尼古拉的妻子，那位"不幸的神经质，在她身边充满着躁动和不安的气氛"。

虽然尼古拉二世本人倾向于宿命论并且永远记得自己是在约伯生日的那天出生的，但即便如此，他也尽了最大的努力来传达

---

[1] 此处指的是布鲁西洛夫突破（俄语：Брусиловский прорыв），是俄罗斯帝国在第一次世界大战期间最大的军事胜利。——译者注

一个冷静的乐观主义者的形象。还是在 1914 年 11 月底的时候，也就是俄国进攻东普鲁士溃败后，他与法国外交官交谈时，他还给对方递上了优质的土耳其香烟——这是来自在此期间已经成为大敌的苏丹穆罕默德五世的礼物——谈话内容是关于胜利后，将被驱逐出欧洲的土耳其的首都定为安卡拉，还是应该是科尼亚，是否值得考虑恢复汉诺威的主权。现在，这个舒适的瓜分世界者开始担心自己的祖国。他的臣民逐渐充满了对战争的疲倦和绝望。结局是令人清醒的：过多的伤亡对应的却是有限的占领。

正如俄国历史学家阿隆·阿鲁什所描述的那样，皇村的三重奏建立在人为所创造的"朋友—敌人"形象的基础上。他们按照简单的计划行事：与长老合作的任何人都被认为是"好人"，而那些阻碍他敬虔活动的人则自然归属于邪恶的世界。维鲁波娃作为信息传递者更多发挥的是技术作用，而其他两个人则是共同计划的执行者，该计划主要涉及帝国人事任免的决策。尽管这些决策是由皇后向外颁布的，但最终的实现取决于沙皇——没有任何一个诏书仅仅是只带有阿丽克丝签名的。尼古拉在做决定时信赖的是那些顺从的臣子，例如皇宫侍卫长沃列科夫和内廷大臣弗里德里希斯，他们并非长老的人，但是他们知道统治者，甚至更了解皇后的期望。阿丽克丝、安雅和格里戈里类似于有限责任公司的合作成员，不能正式确定其行为。沙皇反过来依靠那些他较少控制或没有控制的力量：从帝国的成员、军队的指挥、杜马的反对派甚至是昨天还热情且忠实，但今天却趋向叛乱的民众。

在 19 世纪 80 年代后期的某个时候，俄国民意党的恐怖分子用士林宁溶液（鼠药）引爆他们的炸弹，以达到杀人的目的，甚至他们本人也因此而轻微受伤。拉斯普京的性格杀手们同样具有象征意义，他们通过寻常但并非特别奏效的指控——盗窃、异端分子、对金钱的贪婪、色情狂——来增加人们对他的怀疑，同时也指控在他的周边充斥着德国间谍以及他与威廉二世准备了独自和解的协议，这无疑等同于叛国罪。此外，人们还回想起 1914 年 8 月下旬——在沙皇即将宣战的前夕——格里戈里的一封电报，他在电报里警告沙皇，他认为这场战争只能以君主制的终结而告终。[1] 尽管他后来明确支持战争"直到胜利结束为止"，他也成为狂热的日耳曼吞噬者的目标，而且还成为所有迫切要求建立"公众信任者"政府的自由派杜马政客的目标。他们非常清楚，对拉斯普京的任何攻击，无论是否合理，都有可能会削弱皇后的地位。皇位继承人不带政治色彩的家庭教师，瑞士人吉利亚尔，看穿了在这场冲突中阿丽克丝岌岌可危的处境："当然，抹黑一个女人总是更加容易的，尤其是如果这个女人是外国人的话。"

然而，必须强调的是——在充分了解皇后处境的情况下——这位妇女几乎盲目地挑战针对自己和家人的厄运。在 1916 年的最后几个月里，她坚决抗拒皇室成员们的所有劝告，即远离拉斯普京和退出政治舞台。谢妮娅和她的丈夫桑德罗抑或是伊丽莎白

---

[1] 这位朴实的农夫与受过高等教育的前总理谢尔盖·维特一起面对了这种恐惧。对维特而言，这场战争是"疯狂的冒险"。在另一阵营中，匈牙利总理斯蒂芬·格拉夫·蒂萨阻止该二元君主国（译注：即奥匈帝国）染指塞尔维亚的尝试未能取得成功。

女大公都未能成功地使她获得更好的认知，根据吉利亚尔的描述，艾拉的拜访尤其具有戏剧性："她恳求皇后听她的警告，以便能够拯救她的家人和她的国家。但皇后仍然坚持己见；她理解这种令她姐姐走向这一步的感觉，但是她感到无限的痛苦，那就是姐姐也相信那些想要消灭长老的人，因此恳求她不要再谈这个话题。当她看到女大公想继续坚持这个话题的时候，皇后终止了这场谈话。因此，这次会面毫无用处。"让我们补充一下：这是从少女时代开始就密不可分的姐妹俩的最后一次会面，大约一年半后，在同一时期，她们一同成为受难者。

甚至在 12 月中旬，阿丽克丝也用坚定的口号折磨她的丈夫，类似于："成为彼得大帝、可怕的伊凡、沙皇保尔·保罗①将他们碾压在你的身下。"并近乎歇斯底里地要求禁止反对派领导人进入西伯利亚以及对杜马议员社会主义党人克伦斯基处以绞刑。这次，尼古拉罕见地以讽刺的口吻回应道："亲爱的，对你的训斥表示强烈的感谢……你的'可怜的、弱小的'尼基。"现在，他对情况有了更多的判断。

1916 年 11 月 1 日，自由党领袖帕维尔·米留科夫在国家杜马发表演讲。他首先列举了现任政府在鲍里斯·斯蒂默尔领导下的失误，后者在竞选期间，皇后将他引荐给了自己的丈夫："他非常尊敬格里戈里，这很值得。"现在，米留科夫谈到了前线和

---

①沙皇保罗并非一位辛勤而成功的完美典范型沙皇——作为卡特琳娜二世的儿子，在被一场宫廷政变所杀害前，他只统治了 5 年时间（1796—1801）。

后方出现的问题，在每个消息后都提出了一个反问："这是愚蠢还是背叛？"他也谈到了"黑暗势力"，并指出了那些人的名字，其中就包括了拉斯普京，然后耍了一个手段，发言人突然用德语引述了维也纳报纸《新自由报》的评论，他说，斯蒂默尔的任命是"宫廷党的胜利，这个党是以年轻的皇后为核心组建的"。

尽管他在发言过程中用外语表达违反了国家杜马里只能说俄语的规则，但即便如此，被惹恼的主席也无法及时撤销他的发言。事情就这样发生了：第一次，在所有的议员们、包厢里就坐的外交官和新闻记者的面前，公开且负面地提到了皇后的名字。尽管接下来米留科夫演讲的全文被禁止在新闻界刊登，但发言者本人却被认为是当今的英雄甚至是革命者。第二天，民族主义者瓦西里·舒尔金要求，"只要这个政府不下台，就要与该政府作斗争"。另一方面，保皇党人普利希克维奇呼吁激发大臣们的爱国主义热情："请前往陆军总部，把自己匍匐在沙皇的脚下吧。你们有没有勇气告诉他，人们已经怒气冲天了吗。革命的威胁正在来临，一位神棍农民不应再继续统治俄国了。"

年轻的花花公子费利克斯·尤苏波夫是俄国最富有的贵族家庭之一尤苏波夫家族的儿子，他决定立马结束拉斯普京的"统治"。虽然在他的回忆录中并没有提及具体在什么时候他做出了这个命中注定的决定。但是很显然，他受到了 1915 年 6 月针对莫斯科德国人的大屠杀的启发，这是一场为期三天的破坏、纵火和抢劫狂欢。据说，尤苏波夫的父亲，时任莫斯科总督的老费利克斯·尤苏波夫，毫不反抗地容忍了这一暴行——无论如何，他的消极态度导致了他被沙皇撤职。尤苏波夫在流亡回忆录中描述了谋杀计划的动机，这个动机完全符合该王朝灭亡前夕俄国社会的阴谋论以及投机主义的言论：

> "当时，德国将来自瑞典的间谍和腐败的银行家送到了'长老'身边。喝醉了的拉斯普京变得非常健谈，他有意抑或是不经意地向他们吐露了所有的一切。我认为，德国是通过这种方式知道了基钦纳勋爵到达我们这里的日期。为了说服沙皇驱逐拉斯普京以及将皇后排除在权力范围之外而前来俄国的基钦纳勋爵，他所乘坐的船于 1916 年 6 月 6 日沉没。"[①] 反过来，据说拉斯普京密谋发动政变，目的是为了"让生病的皇储继承皇位，宣布皇后为摄政王，并与德国缔结独自和解协议。"

此外，这位牛津大学前学生尤苏波夫在他的回忆录中并不比长老臭名昭著的小册子更为高明的描述却让人注意到，他因为那些模糊不清甚至部分是凭空捏造的理由而采取的行动，却在事后被证实是他漫长人生中（1887—1967）最重要的抑或是唯一重要的行为。可以这样解释：长期以来，在肉体上毁灭拉斯普京被皇室、军界和知识界视为是一种共识。甚至连内政大臣阿列克谢·赫沃斯托夫之类的前奴才也试图摆脱他。因此，尤苏波夫公爵向其盟友敞开了大门：同伙之一是普利希克维奇，尤苏波夫在其杜马讲

---

① 1916 年 6 月 5 日，载着陆军元帅兼国防大臣赫伯特·基钦纳勋爵的英国战舰"汉普郡"号在前往俄国的途中，极有可能被一枚迫击炮弹击中。仍然无法解释的案件引发了无数的猜测——这其中有可能有德国、爱尔兰和布尔人的影子。当天，皇后告诉她的丈夫："我们的朋友说，基钦纳死了对我们有好处，因为他以后可能会伤害到俄国。无论是战争结束还是和平谈判开始时，他总是对英国满怀担心。"

话后向他说出了自己的想法，第二位是德米特里·帕夫洛维奇大公。此外，还有一些行动上的帮手，共有5～6人。知情人则更多，其中包括皇室成员——费利克斯告知了他的妻子伊琳娜，她是两个拉斯普京反对派谢妮娅和桑德罗的女儿。暗探局也可能知情，因为他们全天候观察拉斯普京，甚至劝他最好不要离开戈罗霍瓦亚的住所。

　　参与者以及结盟者完全不清楚计划中的"爱国英雄行动"的目的。对于他们来说，如果有这样的事情，那更是一种社会的集体情感行动，目的是使自己摆脱前几年难以忍受的紧张局势的打击。此外，这一打击可能涉及皇后和沙皇，也可能成为发动政变的信号。但是，同谋者开始并没有想到这些。当尤苏波夫的同谋向宫廷中最聪明的反对者之一舒尔金告知了这一行动并希望赢得他的支持时，后者指出了这一点。这场对话在杜马所在地塔里德宫进行。

　　普利希克维奇：我们打算于12月16日杀死他。

　　舒尔金：谁？

　　普利希克维奇：格里希卡。①

　　舒尔金：请您不要这么做。

　　普利希克维奇：您怎么是这样的一个懦夫，舒尔金！

　　舒尔金：也许，也许是的但却又不是。我不相信，拉斯普京真的有如此大的影响。

　　普利希克维奇：为什么不相信？

---

① 德语中的一个虚拟的职业杀人犯和暗杀者，此处暗指拉斯普京。——译者注

舒尔金：这一切真的是胡说八道……他有农民的狡猾，是的，但是其他的话……

普利希克维奇：所以您真的认为，拉斯普京没有损害到帝国吗？

舒尔金：他不仅伤害了它，而且还毁灭了它。

普利希克维奇：那我就不理解您了……

舒尔金：您看！……内阁改组要么是因为没有人可以任命，要么是因为——无论任命谁——都没有办法让所有人满意。因为，这个国家已经不再能听到那些所谓的公众所信任的人发出的言论，而沙皇无论如何都不信任这些人……拉斯普京与之无关。即使您杀死他——您也不会改变任何东西。

普利希克维奇：帝国正在加速毁灭中……我将像杀死疯狗一样杀死他……怀疑论者无法说服宿命论者。尤苏波夫已经在长老那里阿谀献媚了好长时间，他打算在 12 月 16—17 日夜里诱使这个一无所知的人进入莫伊卡河边他的王宫参加社交聚会。密谋者正在那里等着他。

无论如何，他们的行为引发了一系列雪崩式的连锁反应。

第十章
毁灭

"我们的朋友消失了。安雅·维鲁波娃昨天见到了他,他说费利克斯·尤苏波夫请求他晚上去他那。应该是一辆汽车接了他去见尤苏波夫的妻子伊琳娜。[①]一辆装了两名平民的汽车……接了他,然后他就出发了。"阿丽克丝的信于1916年12月18日傍晚抵达沙皇处。当时,他正在莫吉廖夫的陆军总部主持指挥官会议,该会议致力于筹备1917年的春季攻势。然而,由于妻子的坏消息,他离开了会议并启程返回皇村。在此期间,人们已从涅瓦河中发现了长老的尸体,参与谋杀的人也已经确认:费利克斯·尤苏波夫、弗拉基米尔·普利希克维奇、德米特里·帕夫洛维奇大公和军医斯坦尼斯拉夫·拉佐弗特,后者购买了氰化物并对死亡进行了确认。当葡萄酒和蛋糕中的毒药不起作用时,首先是公爵,然后是杜马议员拿起了枪支对他射击,当拉斯普京仍以坚不可摧的生命力表现出生命的征兆时,他们又用指节铜套击打他的太阳穴。德米特里大公用自己的汽车帮忙将死者带到涅瓦河的一座桥上,他们在那里将尸体扔进了冰冷的河里。毕竟,共谋者们已经免除了让大公用自己的手杀害不受欢迎的格里戈里。这样,这位来自俄国最显贵家庭的他就不会被鲜血溅污双手。[②]

除了将汽车用作政治谋杀的手段外,这件事情真正的新颖之处在于,在此之前,统治家族的成员都是恐怖主义行为的潜在受害者,而现在,他们自己也踏入了这种血腥的勾当。当然,他们

---

① 事实上,伊琳娜在此期间身处克里米亚。

② 杀害拉斯普金的凶手自豪地在日记和回忆录中记载了其"爱国主义行为"里所有的自发而又凶残的细节。但另一方面,涉案的德米特里大公在他一生中,即使是在最亲密的圈子里,也一直对那天晚上的事情保持沉默。

的行为与无政府主义者、民族主义者和社会主义者的行为有着本质的区别。而且他们也绝不愿意接受他们行为的后果，并在最初自发地矢口否认了这一行为。而来自中产阶级刺客的表现则完全不同，例如卡尔贾耶夫、加夫里洛·普林西普，甚至是秘密警察机构暗探局的特工博格罗夫，以及反战者弗里德里希·阿德勒，他冒着私刑甚至是死刑的危险，于1916年10月在维也纳的一家餐馆开枪打死了奥地利政府首脑施图尔克伯爵。而优雅的贵族司机，或当时人们所称的摩托骑士，却立即在他们的圈子里找到了避难所。但是，这在一定程度上是因为部分公众对清除长老感到欢欣雀跃——从最开始的普通公民直至沙皇的家庭成员们。

皇后深感震惊，她立刻对尤苏波夫王宫所发生的罪行采取了以行动为导向的惊人举措：首先，她下令逮捕德米特里·帕夫洛维奇大公，并开始对其他参与者进行警方调查。但这是一个考虑不周的举动。一方面，即使没有外部干预，采取必要措施也是当局的根本责任。从法律的角度来看，此次事件是一个俄国人杀死了另外一个俄国人——谋杀和过失杀人必须受到起诉和惩罚。同时，皇后也无权发出此类指令。相应地，命令接收者出自对他们自身安全的需求，并没有做出充分以及快速的反应。因为他们无法得到两方的保证。起初，德米特里在他位于涅夫斯基大街的王宫中被软禁，而尤苏波夫也仅需忍受一次听证。尽管普利希克维奇受暗探局特工的盯梢，却也不受阻碍地和他的医疗部队一起返回比萨拉比亚战线。

返回皇村的尼古拉展现了一次出色的"公正性"。在将拉斯普京追悼为"难忘的格里戈里"之后，沙皇做出了一个不受法律约束的决定，将拉斯普京秘密地埋在了皇宫花园的一角——在场的除了沙皇的家人外，还有内政大臣普罗托波波夫、受到拉斯普京提携的大主教皮蒂里姆以及安雅·维鲁波娃。据称，德米特里立即被发配到波斯战线，而费利克斯被则被流放到了他位于库尔斯克省的领地上。沙皇当然对发生的事情感到愤怒，但他努力通过这种相对宽松的惩罚来证明他对帝国的忠诚，因为他不想让任何一位罗曼诺夫的成员面对一场民事指控。但是，如果他指望因此而得到家族成员的感激之情，那么他就不得不在接下来的时间里接受失望的痛苦。

鉴于这起惩罚事件，罗曼诺夫家族成员开始相互支持并采取一系列行动。起初，诸如德米特里的父亲帕维尔大公和妹夫桑德罗等人以个人的形式劝告沙皇实施"赦免"，此后，15 位大公和女大公向他请愿。他们所宣称的原因是，鉴于波斯当地"严酷的气候"希望将德米特里从波斯召回 ①——如果绝对有必要流放他——那么可以将莫斯科附近的伊林斯科耶城堡指定为流放地。集体同情心的爆发遭到了沙皇的强烈拒绝，他在请愿书的空白处写下了备注："没有人有权进行谋杀。我知道许多人感到痛苦难安，但德米特里·帕夫洛维奇不是唯一参与此事的人。我对你们的请求感到诧异。"

---

① 德米特里大公的生命归功于尼古拉二世的坚持——在波斯，新统治者的手没有伸到他头上，而他的父亲于 1918 年 7 月在阿拉帕耶夫斯克被红色委员会杀害。

这种言简意赅的语气不仅证明了尼古拉觉得请愿书简直是不道德的，而且证明了他在家庭成员的指责下看到了威胁的存在。这场出现了请愿书的聚会是在德米特里姐姐玛丽亚·帕夫洛芙娜女大公的王宫中举行的。尼古拉的童年伙伴桑德罗也参加了这场聚会，聚会的主题围绕着俄国的内政，尤其是被人所仇恨的皇后个人。

　　反过来，人们是从秘密警察所截获的电报中得知这些消息的，电报中，皇后的姐姐艾拉赞颂了德米特里大公的"爱国行为"。而参与这些阴谋的人的动机是不同的：有些人觉得自己在不同的时间和场合被阿丽克丝或尼古拉侮辱或歧视，另一些人则希望看到自己坐在属于尼古拉的宝座上。此外，这种口头攻击根本不可能只停留在沙龙里被保护的范围内。"整个彼得堡"都在传闻一个计划中的阴谋，其中最小的计划是，为了皇储，将皇后囚禁在修道院中并迫使沙皇退位。[①] 皇后被公开和暗藏的敌人所包围，这确实不是一种想当然，为此，她试图在丈夫那里寻求庇护。就在 12 月 16 日，即拉斯普京遇刺案发生的前一天，她给他写信："一位普通丈夫连一个小时都不会容忍这种攻击。……今天，尘世间的事物不会再深深地打击我，只有我的尼基才能为我做得更多……"

---

① 还有更根本的解决方案。因此，在 1917 年 1 月中旬，玛丽亚·帕夫洛芙娜女大公与杜马主席罗江科进行了交谈，她认为，君主专制应该通过"排除"皇后得以保留。同时，于 1913 年被解职的总理科科夫佐夫在拜访法国大使的时候也提及了一种可能性，那就是尼古拉二世可能遭受帕维尔一世相同的命运，后者在 1801 年被政变分子杀害。

如前所述，肇事者采取的行动是基于一种假设，那就是通过谋杀拉斯普京将使君主免受邪恶的影响，从而挽救即将毁灭的俄国。格里戈里对他们来说是一位德国间谍，他通过"德国的"皇后来打败这个庞大的帝国，更糟糕的可能还与德国签订一个丧权辱国的独自和解协议。在这种设想中，长老真正的能力被夸大，而为威廉的德意志帝国服务的间谍活动则完全是凭空捏造出来的。但是，对一个行为的错误假设通常会导致不良的后果。拉斯普京的惨死不仅没有阻止，反而加速了这种帝国制度的被腐蚀进程。

罗江科、古奇科夫、舒尔金或米留科夫等头脑清醒的杜马政客当然不相信长老、皇后或他们在权力部门的门徒们实际上是在为敌国工作。但是，他们也清楚地意识到，这种说法会触及政权的痛点。在议会斗争中，有着诸如特雷波或斯图默此类德国姓氏的大臣们成了很好的攻击目标。这些所谓的"德国间谍们"必须为前线的所有失败和后方的悲惨状况承担责任。民族主义、保守主义和自由主义的反对派们清楚地将自己定义为爱国主义者，并或多或少地表现为君主主义。然而，与此同时，反对派也越来越多地认识到君主制度下的俄罗斯帝国将无以为继。他们所寻求的概念是"公众信任的政府"，这是对君主立宪制国家形式的一种委婉说法，并在以自由选举为基础所产生的制宪大会上将其合法化。但是，有了这样的创新，君权神授的唯一统治者就没有任何继续执政的可能了。

1917 年 1 月，盟国大使、皇室成员和杜马议员最后一次试图说服沙皇和皇后进行政治改革，但所有人都从皇村空手而归。尼古拉礼貌性地进行了回避，而皇后则万般恼怒。在皇后卧室里，当桑德罗想要与阿丽克丝进行一场沙皇也在场的公开对话时，他们之间爆发了激烈的争吵。大公强调，广大人民群众被革命性的宣传所迷惑，他认为这主要是来自新闻界和反对派对宫廷里发生的所有丑闻的猛烈抨击。因此，这个国家现在投票反对沙皇。唯一的解救办法就是解除尼古拉的职责，把责任留给一个杜马可以接受的政府。

阿丽克丝：这个国家仍然忠于他。只有奸诈的杜马和圣彼得堡的这伙人是我和他的敌人。

桑德罗：这个国家仍然忠于沙皇，但是它对拉斯普京所施加的影响同样感到愤慨。……你对国家事务的干涉不仅会损害尼基的声誉，同样也会损害他们对统治者的普遍信念。……你有一个很棒的孩子，为什么你不能专注于那些对和平与和谐有利的事情呢？……我们政策的根本改变将弥合大众的愤怒。

阿丽克丝：你的言论真可笑。尼基是绝对的统治者。他怎么能与议会分享神赋予他的权力呢？

桑德罗：我看到了，你想堕入深渊，你的丈夫也有同样的感觉，但是我们呢？难道我们都需要为你的盲目固执而付出代价吗？不，阿丽克丝，你无权将你的家人拖入万恶深渊！你简直太自私了！

阿丽克丝：我拒绝继续讨论。

大公扮演了类似于帝国信访员的角色，他对自 19 世纪黄金时代所结交的幼时朋友的态度感到悲痛欲绝。即使在流亡法国时期，这些回忆仍然令他感到心痛不已："尼基继续吸烟，不说话，再继续吸烟。这让我感到非常不自在。但是，当我谈论末代沙皇正处以危急时刻时，我别无选择，只能一遍又一遍地重复同样的愚蠢的句子。但他什么也没说，然后继续吸烟。"时代见证者和历史学家将尼古拉这种近乎自闭症的消极状态解释为他的宿命态度以及对命中注定的确信不疑。但是，还有一种非常具体的感觉就是：沙皇只是害怕。当桑德罗愤怒地离开卧室时，他震惊地看到了利内维奇副官与沙皇的女儿奥尔加和塔季扬娜在相邻的淡紫色客厅里玩拼图。之后，这位年轻军官告诉安雅·维鲁波娃，他"故意留下了，而且他的剑已准备好，随时随地在有人侮辱或暗杀皇后时拯救她"。实际上，当时的沙皇夫妇已经做好了一切准备，而且从根本上不信任所有人。他们的信赖只留给了死去的长老。

"我所能做的就是为你祈祷再祈祷。"阿丽克丝在一封信中写到。这封信是 2 月 22 日沙皇出发前往莫吉廖夫时给他的。"我们亲爱的朋友在彼岸的世界中也是这么做的——虽然我们渴望听到他的声音，但在那里，他离我们更近了。"尽管绝望至极，皇后还是习惯性地用极大的热情去给予丈夫勇气和支持："我最亲爱的，坚持住，表现出主的强大力量，这就是俄国人所需要的。……他们为此而请求你——有多少人是这么告诉我的！'我们想感觉到鞭策的力量。' 就是这么奇怪，这就是斯拉夫的方式：强大的毅力，甚至是韧性和温暖的爱。"尼基到达莫吉廖夫后，他温和地答复道："你所写的关于毅力的事情，我是不会忘记的。但我不必时刻向我周围的人大喊大叫。一句平静而犀利的话通常足以胜过其他人。"

拉斯普京被暗杀后，沙皇在皇村度过的 6 个星期对他来说是一个期待已久的休假。他接受了觐见、在冬宫为新年招待会开幕并为盟国特使举办了宴会①。但是，他最喜欢的还是与孩子们玩耍，并在漫长的冬夜里和他们一起玩拼图游戏。可惜的是，他无法从传到他那里的消息和传闻中拼凑起他个人命运的拼图。也许他没有明确意识到情报部门所提交报告里的信息，那就是人民群众日益增长的对战争的疲倦感以及不满情绪。同时，战斗部队中类似的情绪也开始发酵和蔓延，这些与帝国的阴谋或反对活动相比，对他的统治构成了更大的威胁。

更令人惊讶的是，他突然决定回到总部——直至今日，人们尚不清楚其原因。并非所有人都对此想法充满热情。忠实的皇宫侍卫长和永恒的随扈沃列科夫②就旅行的风险询问了内政大臣普罗托波波夫。据称，后者向沙皇保证，圣彼得堡将一片祥和——这在当时却几乎是不可能实现的。但是，在大约 40 人的全程护送下，当他的蓝色专列于 2 月 22 日星期三下午 14 点钟从尼古拉火车站出发时，沙皇并没有实时的政治顾虑。他更加担心的是，孩子们都陆续患上麻疹，高烧不止而不得不躺在床上接受看护。出发当天，皇宫侍卫长向皇储阿列克谢道别并在后来回忆说："尽

---

① "因为现在处于战争时期"，法国大使在日记中写道，"道德意识要求他不得不放弃传统的沙皇式的奢华宴会方式。"他还透露了菜单：大麦汤、加特契纳的冷鳟鱼、马伦戈小牛肉、烤鸡、黄瓜沙拉和作为饭后甜点的橘子冰激凌。

② 像许多俄国人一样，沃列科夫迷信邪恶的征兆。2 月初，当王位继承人阿列克谢用帕特公司所赠送的电影放映机在被邀请的宾客前放映了一部关于杜巴里夫人的无声电影时，沃列科夫感到震惊，并为路易十六的这位情妇被处死而深感不安。"灵魂深处的一种难以置信的沉重。"

管发高烧，他对我还是非常亲切和友善。我再也没有见过他。"

　　清醒地看来，这次旅行迟早要进行：沙皇作为总司令不能太长时间远离总部。而总参谋长阿列克谢耶夫将军刚从克里米亚的疗养中回来，并要求觐见沙皇。此外，"西线无新战事"①，战争陷入了停顿。俄国的西部边界受到了"冬将军"②的保护，它在1812年也成功地抵抗住了拿破仑的大军。为了纪念这场对抗法国皇帝并大获全胜的战争，尼古拉参观了建立在莫吉廖夫附近的纪念教堂，这个教堂是为了纪念博罗季诺战役10周年而建造的。这次敬虔的举动是沙皇于2月25日与随行人员进行的一次汽车出行的一部分。晚上6点钟左右，他们回到总部。此时，沙皇收到了他妻子的来信，信中她报告了彼得格勒的面包短缺和相关的骚乱事件，她将其视为青少年流氓的骚乱。同一天晚上，尼古拉旨暂停杜马会议，直到另行通知，但并没有解散议会。

　　这一步属于统治者惊慌失措时犯下的无法避免的错误之一。尼古拉过分地专注于他本人通过1905年宣言所创建却又憎恨的议会，因此他无法真正估计此举在现实中的危险性。在塔里德宫中发生的所有口头挑衅下，杜马根本无法行使其立法权的作用，更不用说对行政部门产生任何影响了。因此，暂停会议的举措被证明是完全不合适的，这仅仅只是火上浇油而已。甚至连皇室的

①官方的战争报告中的这一标准化的表达后来成为埃里希·玛丽亚·雷马克（1929）举世闻名的反战小说的标题。

②俄国的冬天相当寒冷，历史上许多侵略者包括拿破仑都败于天气的严寒，所以俄国人亲切地称严寒为"冬将军"。——译者注

部分成员，包括少将安德烈·弗拉基米洛维奇大公在内，都清楚地意识到了这一点，正如他在 1917 年 3 月 1 日的日记中所写的一样："杜马固然是一堆垃圾——但在我看来，它应该不被关闭，就像不应该因为人们的屁股发出恶臭味而惩罚性地将它缝合一样。人的肌体必须应该具备生理性的排泄口，国家也是如此。根据历史经验表明，议会从来没有真正有用过。"毫无疑问，这些苛刻而又愤世嫉俗的话，无疑是贵族统治阶级形成的一种普遍共识。①

至于沙皇本人，他并未对此过于纠结也没有以道德的眼光进行思考，所以很明显，他在思想和感情上都无法感知自己对整个事件的承受范围。但他的身体却越发警觉。他在 2 月 26 日给阿丽克丝的信中写道："今天早上，在做礼拜期间，我感到胸部持续了 15 分钟左右的剧痛。我几乎站不起来，额头上满是汗水。我不知道那是什么原因，因为我没有了心跳。但是，当我跪在圣母像面前时，它就又消失了！"不久之后，他收到了杜马主席罗江科的一封电报，后者在电报中用晦暗的语气描述了当下的局势："我最卑微地报告陛下，内乱已经达到了令人震惊的程度。其原因是面包的缺乏和面粉的供应不足，这引起了恐慌。但最重要的是，人们对领导层完全缺乏信心。在这种情况下，暴乱肯定会激增……。这场运动可能会扩展到铁路上……。事件也已经发酵到了军队那里……。政府完全瘫痪，无法恢复秩序。陛下，请您救救面临屈辱和耻辱的俄国吧。请您立即任命一个值得整个国家信

① 杜马接受了沙皇暂停会议的要求，但同时也敦促其成员在危机多发的时期要保持团结。为此，它成立了一个所谓的临时委员会，这就是后来的临时政府的核心。

任的人，指示他成立一个全体人民可以信任的政府。"

尽管沙皇从不喜欢"胖胖的罗江科"，但他应该相信了后者的观点，这一观点也得到了其他消息来源的证实。沙皇在2月27日星期日的日记中就所获取的信息做出了如下的总结："几天前，彼得格勒开始发生严重的骚乱。而且，令局势更加恶化的是，军队也卷入其中。距离如此遥远，而且只能得到坏消息的零星碎片，这真是一种可怕的感觉！晚饭后，我决定尽快回到皇村。"无论如何，他立即命令彼得格勒的军事总督查巴洛夫将军平息发生在首都的暴动，"在与德奥战争中的艰难时刻，这简直无法忍受"，而且命令"明天"结束它。此外，他还下令从前线撤回军队。无论将军们如何行动，在2月28日这个星期日，首都呈现了相对平静的气氛——但正如事实所证明的那样，这仅仅是暴风雨来临之前的平静。尽管如此，沙皇还是决定迅速返回——也许这一次他确实是听从了他的内心的呼喊，它在几天前的礼拜中向他传达了一个不祥的预感。

2月28日凌晨，载着沙皇和他随扈们的专列朝着皇村方向出发，列车行驶到了距离皇村约160公里的马拉亚·维舍亚火车站。尼古拉在这里收到了一条坏消息，那就是位于前面的托斯诺站现在已被叛乱分子所占领，因此在那里无法收到任何消息。几经犹豫之后，他们决定取道前往北部战线的总部普斯科夫。灰心丧气而又无计可施的尼古拉在傍晚的日记中写道："虽然我所有的念头一直与皇村同在，但我的人却无法过去！这对可怜的阿丽克丝来说是多么艰难啊，她不得不忍受所有的这一切！"现在，他不得已同意与一个杜马负责的政府达成协议，并要求罗江科去普斯科夫。同时，他通过阿列克谢耶夫将军向所有 5 个战线的总司令发电询问，他们如何评估局势以及打算建议他采取什么样的措施。3 月 2 日，当他抵达普斯科夫时，灾难性的回复已经到达那里：5 位总司令中的 4 位以礼貌甚至谦逊的语言要求他退位[①]，他们认为这是使俄国摆脱无政府状态的唯一途径。甚至无须顾及罗江科。后者在这些决定性的日子里，不想离开圣彼得堡并向其他政客泄露自己的行踪，所以他只是派出了两名使节，即国会议员古奇科夫和舒尔金，要求他们与尼古拉进行会谈，而谈话的主题只能是沙皇的退位。

即使不支持涉及尼古拉王位被颠覆的众多常见的阴谋论，也必须指出的是，从 2 月 22 日出发之日起，沙皇的命运就产生了奇特而完美的戏剧性。无论是在圣彼得堡、皇村还是在莫吉廖夫，这一幕里任何举足轻重的参与者都不能阻止他迈出这一步。在饥饿起义演变为革命的关键时期，沙皇正在途中，更确切地说，是在他与世隔绝的专列上而无法接收任何信息。尤为重要的是，他也一直无法与妻子保持密切的联系。因此，第一位的干扰因素被排除在外。当将军们的来电建议他退位时，他明白这场游戏已经结束，并在专列的包厢里起草了他退位诏书的第一版，诏书里"尼古拉二世，所有俄国人的沙皇、波兰的沙皇、芬兰的大公，等等"。他宣布他已经准备好，为了他儿子阿列克谢而放弃皇位，并规定

[①] 唯一的例外是罗马尼亚战线的萨哈罗夫将军，他在回复的急件中谴责了退位的"共同建议"："我坚信，从未接触过沙皇的俄国人民没有计划实施这一罪行，反而是自称为国家杜马的那群流浪汉们，他们奸诈地利用适当的时机去实现他们的犯罪目的。"尽管如此，他还是"哽咽着"建议沙皇"接受条件"。

他的弟弟米沙作为这位未成年人的摄政王。当错愕的皇宫侍卫长沃列科夫问他退位的原因时,他回答说:"当所有人都背叛我时,我还剩下什么?"

杜马的特使们仍在途中尚未到达,这使尼古拉在精神上可以稍微放松一下。通过与御医费奥多罗夫博士的交谈,他已经清楚地意识到,即使根据现有的医学水平,阿列克谢可以活到老年,但他终生都会受到血友病的威胁。沙皇将诏书的副本移交给阿列克谢耶夫将军且在后者立即通知彼得格勒之后,他开始起草一份补充说明。最终有效并宣告大众的内容为:"由于我们不希望与自己心爱的儿子分离,所以我们将继任权交给了我们的兄弟米哈伊尔·亚历山德罗维奇大公,并衷心地祝福他继承皇位。我们请他与参与立法会议的国家代表们密切协调,并在他们面前以心爱的国家的名义宣誓继位。"第二天,当杜马特使们出现在沙皇专列的包厢里时,已经没有什么可以值得商讨的了。

39岁的米哈伊尔大公,时任副总司令和国务委员会成员,是一位友好和善的人。他违背了兄长的意愿,与一位来自资产阶级且离过两次婚的娜塔莉娅·布拉索娃缔结了世俗婚姻。当尼古拉的电报到达他那里时,他立刻意识这种情况下的继位只可能是权宜之计。应罗江科的邀请,他出现在杜马,因为当时的杜马仍准备由一个形式上的沙皇来拯救君主制。但是,他希望根据未来制宪议会的决定接受沙皇的冠冕,即著名的"莫诺马赫王冠"——这个保留条件使俄国国家政权自动进入了临时政府时期。杜马成员,即临时政府的核心成员,对米哈伊尔的保留表示了感谢。制宪会议直到 1918 年 1 月才成立，并立即被苏维埃政府强行解散。

　　普斯科夫的插曲只持续了短暂的时间。为了向他的军队告别，沙皇回到了莫吉廖夫。彼得格勒的新主人们没有阻止他，也放松了对他通信的禁令。尼古拉的信息再次到达了位于皇村的宫殿里，其中没有包含任何政治信息："今晚，你的电报终于来了。我很失望，没有和你在一起。"然后："我又回到了火车上。暴风雪。在想念和祈祷中永远和你在一起。尼基。"阿丽克丝的第一封来信则以一条消息开始，其中包含的信息只有彼此才能解码："女士是今天，而不是昨天离开。"女士是阿丽克丝月事的许多化名之一。这样子，两人逐渐从沙皇和皇后变成了丈夫和妻子。此外，阿丽克丝在信中也对退位进行了评论："他们怎么能够通过送来这两个野人来侮辱你！"然而，对她而言最重要的是，在将王位交付给米哈伊尔之后，阿列克谢就已经与皇位无关了。

　　在莫吉廖夫，这位君主——现在是前君主——受到了大约 150 名左右的官兵的欢迎。他被致以军礼，值班的高级军官向他递交报告。此外，还有很多欢呼声，处处都是温暖的握手以及眼里饱含的泪水。一位在场者在日记中写道："一切如常。"但是，军队和这座城市不再属于尼古拉。乔治营在大街上行军，军乐队演奏了马赛曲。一些军官迅速从制服上撤下了沙皇的徽标——他们害怕自己的士兵，因为根据新政府的一项法令，士兵不再被允许友好地称呼他们。从前的下属们在从前沙皇的随行人员里逐渐消失了。阿列克谢耶夫将军建议其他人，比如内廷大臣弗里德里希斯和宫廷侍卫长沃列科夫等，最好不要出现在尼古拉附近。还有一个怪诞的轶事：一天早晨，宫廷理发师拒绝帮这位前沙皇刮胡子，于是，人们被迫邀请这座城市的私人理发师前来。

3 月 4 日，前沙皇寡母玛丽亚·费奥多罗芙娜的专列从基辅抵达这里。这位老妇人在她女婿桑德罗的陪同下，在专列的会客车厢里与尼古拉见面。显然，桑德罗还没有忘记他们在皇村最后一次会面时所遭遇的辛酸，现在，他对姐夫的退位表示了不满："他面色苍白，但是他没有泄露任何有关这个可怕诏书执笔人的任何信息。他与老皇后私下相处了两个小时。她从没告诉我有关这次谈话的任何内容。当我应邀进去时，她坐在扶手椅上大声抽泣，而他站着不动，低头看着他的脚，当然还有抽烟。"

显然，母子之间的对话中是任何一位普通作家都可以想象到的。我们在她的日记中读到："可怜的尼基告诉我过去两天里发生的所有的悲惨事件。罗江科建议尼基——真是令人难以置信！——为了儿子而放弃皇位。当然，尼基无法与儿子分离。所有的将军们都发电报给他并建议他做同样的事情，所以他最终屈服并签署了退位诏书。"

分别时，他们互相拥抱并亲吻，因为他们很有可能已经意识到，这将是他们之间的最后一次见面。尽管那段日子充满了戏剧性，但从现在开始，尼古拉必须完全依靠自己，所以他仍然保持着清醒的态度，以至于他通过中间人阿列克谢耶夫将军将他的要求清单寄给了临时政府。清单中所包含的四项保证应该是以和平移交政权为交换条件的。目的是让他和他的随扈们不受干扰地前往皇村，在那里为他们提供安全保证直到孩子们康复为止，然后同意全家人前往摩尔曼斯克，并在战争结束后允许他们作为普通公民居住在克里米亚的里瓦迪亚城堡。

在这个愿望清单中，特别值得一提的是旅行的目的地摩尔曼斯克，它是通过口头表达的，新任统治者一方显然接受了他们离开俄国的意图。摩尔曼斯克是俄国在巴伦支海最北端的不冻港，一艘英国军舰可能会停靠在该港口，以接走这位被世界历史所遗弃的人。那本应该是一个政治上正确的解决方案，但事实却有所不同。在原定于 3 月 8 日返回皇村的行程前不久，阿列克谢耶夫将军告诉他的曾经的长官："从现在开始，您可以视自己为已被捕者。"

第十一章
公民罗曼诺夫的悲剧

已经逊位的沙皇在几位杜马议员的陪同下正在从莫吉廖夫前往皇村的途中，他已经清楚了自己是被捕者的身份，与此同时，彼得格勒军事区总司令劳尔·科尼洛夫将军 ① 却出现在城堡里，并礼貌地向皇后递交了临时政府的逮捕令。阿丽克丝平静地接受了这个消息，因为她内心很高兴，尼古拉很快就会回家。但是，她担心应该如何将新情况尽可能温和地传达给仍在患麻疹的孩子们。当她自己与 4 个女孩说话时，家庭教师吉利亚尔承担了将消息告知阿列克谢的艰巨任务。他在回忆录中是这样描述的：

"我去了阿列克谢·尼古拉耶维奇那里，告诉他沙皇明天将从莫吉廖夫回家，而且再也不会回到那里去。'为什么？' '因为您的父亲不再想成为总司令。'这则消息令他难过至极，因为他非常喜欢和父亲一起去总部。几秒钟后，我补充道：'您知道吗，阿列克谢·尼古拉耶维奇，您的父亲不再是沙皇了。'他惊讶地看着我，并试图从我的脸上读取到底发生了什么事情。'怎么会这样？为什么？'——'因为他很累并且最近一直在努力工作。'——'哦，是的！妈妈告诉我，当他想回到这里时，有人不允许他的火车继续前行。但是爸爸会还是沙皇吗？'我告诉他，统治者放弃了王位，并转交给了米哈伊尔·亚历山德罗维奇大公，但是这又被拒绝了。'那谁将成为沙皇？'——'我不知道，最开始没有人！'他并没有提及自己，提及他作为王位继承人的权力，他的脸慢慢变得通红而且他非常激动。沉默了几秒钟后，他问：

---

① 沙皇政权最后的官方举措之一就是令这位受人欢迎的军官于 1916 年成功地逃脱奥地利人的停房。该举措也被临时政府所接受。

'如果没有沙皇，那将会由谁来领导俄国？'"

　　同样感到困惑的还有那些来自杜马反对派的政治家们，他们正受命组建临时政府。其中的大多数人都想到了以英国为原型的君主立宪制，但是聚集在苏维埃周围的、一开始还只是隐藏在背后的群众却只能接受——如果有的话——一个共和国作为政府形式，而且部分"叛乱"的工人、士兵和农民们还想在共和国前面加上"社会主义"一词。从法律上来讲，出现了一个历史上的"马基雅维里主义"式的临时政府，政府的权力由民众所掌握，同时它又迫切地寻求一个人来废除这种权力。此外，这个新制度勉强地将自己定义为"革命民主"，拥有一个已逊位但实际上存在的尼古拉·罗曼诺夫及其家人，其象征性意义像磁铁般吸引了不满和不耐烦的公众。简而言之，对于新的统治者来说，问题是：沙皇该何去何从？

　　还在莫吉廖夫时，出现了一种可行的政治上的解决方案：尼古拉返回后，一家人从皇村出发，以最短的路线到达摩尔曼斯克，他们可以被停靠在港口的英国巡洋舰接上船并带到英国，在那里，他们可能会享受到表兄乔治五世亲戚般的热情款待。恰好新任外交大臣米留科夫也向英国大使乔治·布坎南爵士提出了这个计划。后者联系了他的政府，并迅速收到了积极的回应——欢迎沙皇及其家人。现在，轮到临时政府来组织这场运送任务了。但是，只有一位具有无可非议的革命声誉的人才能代办这样一个温和的解决方案：临时政府司法部部长兼首席检察官、社会革命党和彼得格勒苏维埃成员亚历山大·克伦斯基担任了这一角色——而他作为左翼杜马议员在几个月前还认为可以杀死沙皇，在皇后亚历山德拉写给她丈夫的一封信中，他也被当作是可以被处以绞刑的人。

3 月 3 日（16 日），克伦斯基前往莫斯科，以便与当地的苏维埃讨论革命的前景问题。据新闻报道，就大多数无产阶级民众和士兵所提的问题："罗曼诺夫一家在哪里？""像脸色苍白的死人，用红丝带装饰着"，这位明显激动的演讲者大声回答道："尼古拉二世被所有人抛弃，投奔了临时政府，而我作为首席检察官，已经将他的命运和王朝的命运牢牢掌握在手中。但是，我们伟大的革命已经开始不再血腥，而我也不想成为俄国革命里的马拉式的人物[①]。我将陪伴尼古拉二世乘坐专列前往某个港口，并将其送往英国。请赐予我这种力量和权利吧！"

（热烈鼓掌。克伦斯基离开了集会。）

这位新的司法部部长原本代表了苏维埃在政府中的平行权力。如果我们遵循法国模式，那他实际上并不是马拉，而更是夺权的米拉波，试图将火辣的演讲与谨慎的策略联合起来以保护被推翻的卡佩王朝。逮捕沙皇夫妇属于克伦斯基及其政府的诡计，这是为了安抚苏维埃人，同时也为了在严密镇守的城堡中保护沙皇和皇后。这次逮捕与任何犯罪嫌疑人无关，甚至与流亡的风险无关。相反，它属于"摩尔曼斯克"计划的准备工作。这项预计于 3 月 10 日（23 日）或者 11 日（24 日）采取的行动难度很大，总理利沃夫公爵和克伦斯基后来都提了这一点。根据他们所提供

---

① 马拉是法国革命的领导者之一，后被刺身亡。——译者注

的信息，苏维埃打算封锁所有火车站，他们的代表甚至出现在了皇村中，以便证实陛下没有离开。此时，尚难确定当时工人和士兵武装部队实际上有多危险。但是可以肯定的是，政府本身已经开始执行此项计划。

鉴于革命前几个月的事态，那就是公众几乎只关心拉斯普京、宫廷集团及其所谓的与德国的背叛关系的话，那现在他们要求的就是进行相应的审判和定罪，更激进的团体甚至直接要求处决尼古拉和亚历山德拉。为了部分缓解这种压力，临时政府于3月4日（17日）成立了一个特别调查委员会，以查明前政权中主要人物的责任。从法律的角度来看，如果不对这两名公诉方证人进行听证，那么这个委员会的工作将毫无真实性可言。例如，像斯图默这样的总理，在不问询任命他的沙皇或提议他上任的皇后的情况下，怎么能被定罪？

然而，与流亡计划有关的另一个更重要的问题是英方的态度。最初，国王当然是在其私人秘书巴伦·斯坦福德汉姆男爵的启发下，于3月6日（19日）向他的表弟发送了一封电报，在电报里他表示了同情："过去一周所发生的事件令我深感沮丧。我的思想永远与你同在，我将永远是你忠实而真诚的朋友，正如你所知道的，我过去一直如此。"乔治是这样给尼基写信的。但是作为英王乔治五世的他却扮演了另外一种角色。3月9日，他通过斯坦福德汉姆男爵向外交大臣阿瑟·巴尔弗表达了他的顾虑："陛下并没有停止疑虑，不仅仅是考虑到此类航行的安全性问题^①，同时还在于它的目的性。他考虑，在本国为沙皇家庭提供庇护是否合理。"

　　几周后，巴尔弗向首相大卫·劳埃德报告了国王日益增加的不安感："您了解的，因为与沙皇和皇后之间的紧密关系，这使我们的王室陷入了一种怎样的可怕状况。"他还建议，通过布坎南大使向俄国临时政府建议，为这个家庭找一个另外的流亡地。政客们主要关切的是，不能因为直接撤回最初的邀请而损害了英国的信誉。尽管如最新资料所示，乔治五世在这个不光彩的故事中扮演了主要角色，但是他和英国整个政治精英阶层一样害怕罗曼诺夫家族的登陆。他们想避免激怒对战争已经充满疲倦感、对沙皇怀有敌意的英国社会，特别是工人阶级。甚至与托里斯关系密切的日报《每日电讯报》在其社论文章"恭敬的抗议"中也反对英国接受沙皇家庭：

　　"我们真诚地希望英国政府不打算向沙皇及其妻子在英国提供庇护。我们很遗憾，却不得不谈论这位与国王亲属关系密切的尊贵女士。我们不能忘记一个事实是：皇后是事件的中心，她甚至是亲德阴谋的鼓舞者。……俄国沙皇的妻子永远不会忘记她是一位德国公主……皇后将会把英国变成一个新的阴谋之地……当

────────

① 显然，这指的是国防大臣赫伯特·基钦纳所乘坐的英国装甲巡洋舰"汉普郡"号于 1916 年 6 月沉没。无论如何，丹麦外交大臣斯卡文尼乌斯于 1917 年 3 月对此与德国政府进行了斡旋并得到了承诺，那就是德国舰队绝不会用鱼雷攻击沙皇一家所乘坐的船只。

沙皇的家人来到英国时，会对英国王室造成可怕的危险。"

除了皇后亲德这一通俗说法——临时政府的调查委员会甚至否认了这一说法——社论的作者却"忘记了"阿丽克丝也是维多利亚女王的外孙女。国王的局促不安对这种氛围也很重要。英国当时最受欢迎的作家赫伯特·乔治·威尔斯在 4 月 8 日（21 日）的《泰晤士报》上撰文抗议"王朝的入侵"，他同时建议"英国也要摆脱王位和权杖之类的古老特征"。① 几个月后，英国政府正式撤销了他们的邀请。

起初，尼古拉对这些争论一无所知。正如乔治五世的电报从来没有交到过他手上一样，他也没有能够及时了解有关他的将来的计划。因此，3 月 11 日（24 日），他毫无所知地在日记中写道："如果我们必须要去英国的话，就要开始打包我想带的一切东西。"3 月 27 日，克伦斯基第一次拜访皇村时完全没有提及这一话题。只有家庭教师吉利亚尔感到这种沉默的不同寻常："完全没有提到我们去国外的事情"，他在回忆录中写道。10 天后，御医博特金博士试图以一个巧妙的问题引诱部长松口："难道不能将沙皇的家人送到利瓦迪亚，以改善孩子们的健康状况吗？"克伦斯基回答："目前看来这是完全不可能的。"吉利亚尔理解了这句话的深层含义：出国之行不再被提上日程。

---

① 威尔斯在他的《雾中的俄罗斯》（1920 年）一书中表现出对苏维埃政权的更大容忍，尤其是在他访问列宁之后，他尊称后者为"克里姆林宫的梦想家"。

顺便说一句，克伦斯基给尼古拉留下了非常正面的印象。这归功于他礼貌、友好以及亲密的沟通方式，即使是最不愉快的事情。尼古拉越来越认为克伦斯基是"正确的人在正确的地方。他拥有的权力越多，对俄国越好。"沙皇私下里说："我们相信您。"这位大臣，后来的总理感到非常受宠若惊："我们四目相对。也许他读到了我眼中的歉疚。这位几乎不相信别人且被身边的人所背叛的沙皇，现在向一个男人表达了他的信任，而他的妻子不久前甚至想在绞刑架上看到这位男性。"这些句子表达了革命者在面对君主时产生的虚荣心和满足感——这当然也是胜利者面对战败者时得体的表现。

正如吉利亚尔所描述的那样，逊位后在皇村的那几个月的生活是相当单调的："每一天都和往常一样，没有任何变化，上课和散步。" 吉利亚尔先生教授孩子们法语，吉布斯先生教他们英语。散步仅限于在为此目的而隔开的公园内的部分区域，体育锻炼就是伐木和铲雪。所有这一切都是在武装人员的监督下完成的。晚餐后，阿丽克丝绣花，而尼古拉则拿起一本书朗读。一周之内是阿瑟·柯南·道尔的英文原版书《暗红色研究》，而另一星期是亚历山大·大仲马的《基度山伯爵》，这本当然是法语的。这些读书之夜取代了全家人期待已久却又延误多时的出行，而埃德蒙·丹特斯在无辜地被监禁了14年之后从地牢伊夫城堡浪漫逃离的故事，无疑令他们联想到了自己。

与埃德蒙·丹特斯的牢房不同，这座"金笼子"被装饰得富丽堂皇。家庭成员得到照顾，他们拥有所有的一切——除了自由。

所有人被严厉禁止离开城堡、与外界保持联系或在没有护卫的情况下在公园散步。皇宫指挥官对来往的信件进行了审查，而未经克伦斯基本人直接许可，任何人都不得前来拜访。他本人未经邀请出现时，保留了之前的礼节形式：公民亚历山大·费多罗维奇通过男仆请求拜访公民尼古拉·亚历山大诺维奇。仆人带着消息返回："陛下同意接待您。"

尽管克伦斯基得体的举止为沙皇家庭保全了一些颜面，但随着时间的流逝，他们所有人都不得不认识到，他们的旧身份已经成为过去式。最重要的是，普通的卫兵在面对他们过去当作半圣而朝拜的人时，表现得非常随便。在散步期间，其中一个人用刺刀阻止尼古拉继续前行，以免他越过为散步而规定的边界。还有一次，一名军官拒绝与沙皇握手。最具戏剧性的一幕是——早在1917 年夏天——吉利亚尔是这么描述的："阿列克谢玩着他的小步枪，枪在他手里显得很大，因为那是沙皇年轻时候从他父亲那里作为礼物得到的。一个军官来找我们。他告诉我，士兵们决定从皇储手中夺走步枪，并且已经在来的路上了。听到这些消息后，阿列克谢放下了步枪，去了皇后那里，后者躺在几英尺外的草丛中。片刻之后，值班军官带着两名士兵来了，并要求上缴'武器'。我试图干预并向他们解释说那是玩具，但没有奏效，他们夺走了它。阿列克谢开始抽泣。"指挥官科比林斯基设法归还了玩具步枪。这位仁慈的军官现在要求沙皇，"不要在有其他人在场时与军官握手，也不要和警卫打招呼。"公民罗曼诺夫沮丧至极并再次躲入大仲马的小说世界里。在入睡之前，他还记载道："今天我读完了《基度山伯爵》。"也许他在想这部小说里的最后一句话："希望和等待"。

    同时，临时政府成立的调查委员会的工作仍在继续。由于一些必要的文件，克伦斯基甚至亲自出现在皇村并将它们取走。但是，存档存在一些空缺。亚历山德拉和安雅·维鲁波娃早已烧毁了许多文件，其中包括了数十年来的皇室的信件往来，这些文件的缺失也给后来的历史学家造成了诸多困扰。幸运的是，皇后给沙皇的信及其回复幸免于难。阿丽克丝天真地希望，这些信件里所记载的内容能够在有可能出现的审判中证明她丈夫的爱国主义。然而，调查的一个方面直接涉及家庭：安雅·维鲁波娃[①]被带到彼得格勒作为"拉斯普京"案的主要证人，因此只可以零星地与她的高贵女友通信。但是，这个被她和皇后视为不幸的离开皇村的行程，很可能挽救了她的生命。她从彼得格勒逃到芬兰，在那里撰写了回忆录，直至 1964 年以高龄去世。

    直到 6 月份，居住在克里米亚的沙皇寡母和其他几位皇室成员才从彼得格勒的来访者处得知，她的儿子和家人都住在皇村，且性命无忧。这个消息令她稍感安心。8 月初，她的儿媳伊琳娜·尤苏波娃从首都回来，并带来一个真正令人震惊的消息："我可怜的亲爱的尼基已经和家人一起被流放到西伯利亚了。这件事情使我如此震惊，以至于我几乎要心脏病发作，但是无论如何，我希望他们在那里比居住在皇村更加安全，在皇村他们每天都被骚扰

[①] 检察官对维鲁波娃提出的令人不快的问题之一是：据称她与"长老"之间有着亲密的关系。随后，维鲁波娃自愿接受了他们所要求的妇科检查，该检查证实她为"完好的处女"

和侮辱。……这些坏蛋们还给他们以希望，说会把他们送到利瓦迪亚……"

　　实际上，早在7月初，克伦斯基就明确承诺允许他们南下。"我们会考虑并讨论即将到来的旅程。"沙皇如此写道，并迫不及待地等待着他的保护者的下一次访问，"以便最终确定何时何地。"离开皇村已经成为铁定的事实。7月初，布尔什维克领导的在彼得格勒的暴动被血腥镇压，克伦斯基成为总理并兼任战争和海军部长。同时，西线发动了最后一次攻势，该攻势不久后被击破。前线的惨败与封闭城堡里的居民所感受到的一种现象不无联系：无政府状态的士兵不再接受军官的命令，这破坏了任何军队都必不可少的服从原则。甚至重新引入死刑[1]也无法保证必要的纪律。

　　至少，在这个最后阶段显示了革命固有的一个矛盾：和1904—1905年期间的日俄战争相似，革命的主要诱因是数以百万计的人民厌战，这当然与前线的失利相关。如果出于这个原因——一个体制被推翻的话，那么和平就是唯一可以产生稳定作用的解决方案——即使它偏离了先前的联盟。2月份上台的精英们无法掌握这个简单的事实，反而屈服于自己的阴谋论。例如从未被证实的拉斯普京的间谍活动和所谓的源于皇后的独自和解计划。这些新政治家中的许多人相信，他们可以将革命的能量转化为增强

─────────────

[1] 废除死刑是二月革命的主要成就之一。克伦斯基在回忆录中暗示，通过这一诏书的颁布，他想避免沙皇一家如同路易十六世和玛丽·安托瓦内特一样被处死。考虑到他的个性，这种想法听起来很可信。而诸如梅尔古诺之类的其他作者却对此表示了怀疑。不足为奇的是，尼古拉在他的日记中赞扬了战场上对"叛徒"的处决。

战备状态，并以法国大革命为例，它帮助这个国家抵抗欧洲联盟。但是，这场革命并不是在与其他大国的战争中爆发的，起初也并不是以占领其他国家为目标。相反，在俄国，即使是像外交大臣帕维尔·米留科夫①这样精明的政客，也有占领君士坦丁堡之类的疯狂想法，与此同时，就算在自己国家的首都，他也无法确保进行有效的军事管控。只有当时仍只代表苏维埃少数派的布尔什维克，才能够正确评估在人民中广泛传播的和平愿望，并将其列为自己的目标。

  显然，克伦斯基在心理上无法直接告诉沙皇家人这个苦涩的事实。他于7月28日（8月10日）首次向宫廷元帅本肯多夫伯爵求助，让他建议尼古拉和亚历山德拉为即将到来的旅行打包足够多的保暖衣物，因为他们新的落脚处将不在克里米亚，而在从首都出发往东3～4天路程的一个省份。沙皇叹息道："我们曾经如此希望在利瓦迪亚长住！"那是一个星期天，那天是皇储13岁的生日。出发前不久，准备好所有行李后，总理批准了尼古拉与弟弟米沙的最后一次见面。米哈伊尔·尼古拉耶维奇曾经做过所有俄国人的沙皇仅几个小时，并最终为这个值得怀疑的享受付出了生命的代价。正如他所记得的那样，克伦斯基必须在告别现场，尽管他——对他来说——也感觉到自己是多么的多余："显而易见，两个人都万分激动……很长一段时间都保持沉默，一言不发。然后用简短的、毫无意义的短语开始了脆弱的对话……阿

---

① 由于在这方面的激情，嘲讽他的公众给这位外交大臣起了一个别名，"米利乌科夫·达达尼尔斯基"。意指将达达尼尔海峡连同博斯普鲁斯海峡和马尔马拉海与黑海及地中海连接在一起。

丽克丝怎么样？妈妈在做什么？你现在要去哪里？等等。他们并肩而立，双腿笨拙地交叉，用手握住对方⋯⋯ 紧紧的⋯⋯"宫廷元帅本肯多夫："米哈伊尔大公哭着跑出去并告诉我，他甚至无法确定，沙皇看起来到底好不好。"

随之而来的疲劳旅程的终点是西伯利亚小镇托博尔斯克。

克伦斯基想要做到最好。深夜时分，他把尼古拉二世及其随行人员所乘坐的火车装扮成国际红十字会的列车，载着他们前往托博尔河与额尔齐斯河之间的一个沉睡中的城镇。作为一名经验丰富且成功的修辞学家①，他向两个随从营发表了讲话："你们将在托博尔斯克看守沙皇一家。他们是根据临时政府的命令搬到那里的。请不要忘记：不要践踏早已躺在地上的人。别忘了，沙皇是曾经的统治者。不许伤害沙皇和他的家人。"他对迄今为止一直在看守沙皇一家的科比林斯基司令充满信心，对之后加入的社会革命家、沙皇政权的受害者潘克拉托夫②委员也是如此，后者信守了他的承诺，他对阿列克谢甚至表现得很友好。然而，在8月初，克伦斯基无法猜到的状况是，"革命民主"只持续了3个月之久，因为苏维埃和布尔什维克夺取了政权，这个安静的小镇托博尔斯克无法再庇护沙皇一家了。

---

① 据称，50年后，他在美国流亡时期说道："如果1917年就已经有了电视机的话，那么就没有人能够打败我。"

② 吉利亚尔描述了他一个非常基本的特征："潘克拉托夫是一个消息灵通的人，性格温柔，是典型的开明的狂热信仰者。"

"11月2日（15日）左右"，吉利亚尔回忆说，"我们获悉临时政府已被罢免，布尔什维克……上台。但这件事对我们的生活没有产生直接的影响。"事实上，新统治者将大多数非布尔什维克卫队留在了现改名为"自由之家"的前总督府。列宁的第一任内阁由左翼政党联盟——布尔什维克、社会革命者和"国际主义者孟什维克"组成———党制直到1918年7月才得以实行。在布尔什维克夺取政权的几天之后，被关押的沙皇一家获得了私人的喜悦：他们同时收到了几封谢妮娅、沙皇寡母以及安雅·维鲁瓦娃的来信。11月5日（18日），一贯沉默寡言的尼古拉给他妹妹谢妮娅写了一封有可能是最长的回信，在信里他提到了退位以后发生的事情以及当前的情况——因为受到审查制度的约束，他没有做任何政治评论。[①] 只有少数几句暗含与11月20日的德俄停火有关的话语，此次停火是为布列斯特－里托夫斯克的和平协议准备的。[②]

列宁的政府最初几乎没有考虑有关沙皇家族和整个王朝命运的问题。尽管可以按照法国模式进行一场大型的审讯，但所面临的困难却不可低估。随着审查制度的引入（1991年废除）和制宪议会的解散（新杜马于1992年开幕），苏维埃政府引发了一场

---

① 奥地利历史学家伊丽莎白·赫雷西确定，同一天尼古拉写给谢尼娅的秘密通信上带有新政府的名单，名单上有他们官方的以及逐个被伪造的犹太"真名"（列宁＝泽德布卢姆，托洛茨基＝布朗施泰因，卡梅涅夫＝罗森菲尔德，等等）。玛丽亚·费奥多罗芙娜也在冬宫被攻占后的第二天的日记中指出，人民委员会的所有布尔什维克成员都是"带着假名的犹太人"。这是直到今天还大放光彩的传奇的诞生，在传说中，革命是针对俄罗斯人民的"犹太复仇"。

② 《布列斯特条约》全称为《布列斯特－里托夫斯克条约》，是列宁为了让俄国退出第一次世界大战与德国签署的条约。—译者注

"内战"，这场战争造成的伤亡人数比沙皇俄国参加第一次世界大战的还要多。尽管苏维埃政权逐渐扩大了其势力范围，但该国的广大地区仍不属于他们的控制，并由白军、资产阶级的剩余部分以及温和的社会主义政党所控制。一场备受瞩目的法庭听证会应该尽快在新宣布为首都的莫斯科举行。从托博尔斯克前往莫斯科不仅意味着 2300 公里的旅途，而且还存在着相同的风险，那是克伦斯基在前往的途中也承受过的。起诉书必须根据先前的嫌疑进行改写。这个政府，它的部分成员到达了位于俄国境内的帝国铁路的秘密车厢中，并与威廉的德意志帝国缔结了和平条约，这样的政府很难能够指责未来被告的"德国间谍活动"或"独自和解"——即使是被提名为总检察官的托洛茨基能编排的内容也很少。然而，有一件事似乎可以肯定：这样的审讯只能以沙皇和皇后的死亡判决而告终。这一方面是基于雅各宾派的传统，布尔什维克主义视自己为其继任者，另一方面又受到一种观点的引导，那就是给予作为政府思想和统治形式的君主制以决定性的致命打击。

1918 年 4 月初，俄国转为引用欧洲计时方式时，名义上的国家元首雅科夫·斯维尔德洛夫要求布尔什维克的康斯坦丁·姆贾钦——他的化名之一是瓦西里·雅科夫列夫——来克里姆林宫见他。姆贾钦－雅科夫列夫是一位狡猾的冒险家[①]，他为党解决棘手的任务，特别是对邮政马车进行武装袭击，以"征用"他们的

[①] 红军和白军之间的战况发生了几次奇怪的变化之后，他从中国返回苏联，并为秘密警察（国家政治保卫总局，苏联内务人民委员会）工作，直到他于 1938 年被捕和枪杀。

现有资金。同时，他又是一个见多识广的人。从沙皇当局逃脱到国外之后，他进入位于卡普里岛上马克西姆·高尔基别墅中的党校。现在，他被要求执行特殊任务。斯维尔德洛夫派他到托博尔斯克，将沙皇的一家转移到叶卡捷琳堡。尽管托博尔斯克被认为是反革命的保留地，而以叶卡捷琳娜大帝的名字命名的叶卡捷琳堡却恰好位于欧洲与亚洲接壤的交界线上，并以"红色乌拉尔大都市"而闻名。然而，也许叶卡捷琳堡也被视为前往莫斯科的中转地，因为最后大审判应该在莫斯科进行。无论如何，斯维尔德洛夫特别调拨 200 名士兵和大量金钱给他的好朋友前往托博尔斯克，以实现这一转移计划。

到达托博尔斯克后的雅科夫列夫断定，皇储生病了且无法进行长途旅行。因此，他展开了一场与尼古拉的对话。

雅科夫列夫：作为特别代表，我必须告诉您，我是莫斯科中央执行委员会的全权特别代表，有权将您的所有家人从托博尔斯克带走。但是由于阿列克谢·尼古拉耶维奇病情严重，我被指示带您单独出发。

尼古拉：我哪里都不去。

雅科夫列夫：请不要这样做。如果您拒绝离开，我将不得不使用武力或归还我的任务。然后，他们会找人来代替我，一个不那么人道的人。请您不用担心。我用自己的人头保证自己您的性命。如果您不想一个人走，您可以带走您想带的人。请您做好准备。明早四点我们出发。

　　由于沙皇完全可以想象一个"不那么宽厚的"特派员，所以在经历了一个漫长而痛苦的家庭会议之后，他决定将阿丽克丝和小玛丽亚带在身边。皇后在日记中指出："我决定陪伴他，因为我可能会对他有用。"此次行程特别复杂，主要是由于雅科夫列夫和叶卡捷琳堡苏维埃之间的敌意，后者显然想要收割对沙皇夫妇行刑的荣誉，这在当下显然与莫斯科的指令不符。雅科夫列夫推迟了出发的时间，这就是为什么叶卡捷琳堡的人指控他背叛的原因。当他命令列车长转道前往鄂木斯克①并在那里等待克里姆林宫的决定时，人其实已经在乌拉尔城附近了。直至斯维尔德洛夫和列宁经过多次直接对话从叶卡捷琳堡当地的苏维埃获得保证——不杀害沙皇，也不把雅科夫列夫视为叛徒——之后，他才准备将电报中写成"行李"或"主要行李"的囚犯送往叶卡捷琳堡的苏维埃领导人别洛博罗多那里。同时，工程师伊帕特耶夫被征用的别墅正准备用以接待沙皇夫妇和玛丽亚女大公。一旦阿列克谢的病情好转并且天气条件更为有利一点，其他家庭成员也会随后而来。在苏联政权早期的新闻报导道中，这个罗曼诺夫一家的最后住所被称为"特殊用途房屋"。

　　而且，流放者只能绕道才能到达这所房子。在中央车站，激

------

① 绕道前往鄂木斯克在该国造成了许多动乱。苏维埃的同情者，美国记者 A. R. 威廉姆斯于 4 月底乘坐跨西伯利亚快车从彼得堡到符拉迪沃斯托克（海参崴）。途中，人们向他展示了一份虚假的电报："军官集团刚刚已经解放了尼古拉。他们打算在伊尔库茨克重新建立沙皇的统治。"

动的人群翘首以待。有人听到威胁性的叫喊声："尼古拉应该出来现身。人们必须勒死他们！他们终于在我们手里了！"甚至认识特派员本人的站长也出来对他喊道："雅科夫列夫！把罗曼诺夫带出来！我要往他的脸上吐一口唾沫！"这些话好像是专门留给这一刻的，这里笼罩着一种真正的暴力情绪。斯维尔德洛夫的特使随后命令尽快将罗曼诺夫带回货运站。第二天早晨，托博尔斯克市的地方报纸登载了粗体字印刷的报道："4月25日至26日的晚上，特使雅科夫列夫同志从托博尔斯克带走了前沙皇尼古拉·罗曼诺夫。应后者要求，前皇后和她的女儿玛丽亚与他同行。出发井井有条，一切都没有引起不必要的注意……"几周后，其他家庭成员的追赶也同样没有引起人们的注意。但是，他们将几位重要的相关人员与他们隔离开了，特别是家庭教师吉利亚尔和吉布斯，以及内廷女侍布克斯赫夫登，他们全都被称为该国的外国公民。塔什切夫公爵、宫廷元帅瓦西里·多尔戈鲁科夫、女侍亨德里科娃伯爵夫人和宫廷教师叶卡捷琳娜·施耐德被捕，后来被枪杀。历史上通常不将这些谋杀归因于之后的沙皇一家及其周围人的被杀。

在叶卡捷琳堡，罗曼诺夫一家的情况比在托博尔斯克要差得多。供应惨不忍睹、待遇更差、活动范围也越来越小——甚至人们还请来一位神职人员在房子里给他们做礼拜。附近修道院的修女提供的牛奶、鸡蛋以及水果作为他们简陋饮食的补充。除此以外，这个家庭试图通过保持以往的习惯来维系他们的精神。如同在皇村一样，女孩们表演法国喜剧片里的场景，而尼古拉则恢复了他的朗读之夜。最后一次被分享的阅读是艾玛·奥希兹女男爵的小说《腥红的繁笺花》。这个故事描述的是法国大革命期间，一位英国贵族化身为传说中的蒙面侠客"红花侠"，出生入死将贵族们从恐怖乃至断头台前解救出来。但是，这位救世主并未出现在叶卡捷琳堡。

尽管在托博尔斯克的皇室成员们，特别是年轻的军校学员们，计划解救沙皇一家，甚至与医生杰列文科取得了联系，后者向他们提供了房屋的确切信息，但由于缺乏资金和武器，他们无法执行既定的计划。后来在叶卡捷琳堡的另一次尝试则来自一个自称为"军官"的人。他起草的计划让人联想起了《基度山伯爵》。按照计划，一家人应该按照从外部发入的信号行事："锁上并用家具挡住用以与守卫隔开的门，他被挡在房子里且毫发无损。您可以借助特制的绳子从窗户上吊下来，我们在下面等您，其余部分并不困难，也不缺乏车辆……一个重要的问题是，孩子们是否可以坐下……"沙皇和皇后自发地用一句话回复："请什么都不要做。"也许他们想到了幻想家的痴心妄想。但是事实情况更加糟糕。当时，乌拉尔契卡组织①的一名工作人员，老布尔什维克皮约特·沃伊科夫②收到了口头命令，准备参与暗杀沙皇一家。……

书面证据表明，弗拉基米尔·伊里奇·列宁仍然希望于1918年6月4日在莫斯科对沙皇王朝进行一场公开审判。同时，他知道来自高尔察克的白军及其盟友、奥匈帝国的战俘所组织的捷克

---

① 即全俄肃清反革命及怠工非常委员会。——译者注

② 沃伊科夫后来遭到流亡君主主义者的报复，作为苏联大使在华沙被枪杀。

军团越来越逼近"红色乌拉尔的首都"。该市的黄金储备已被转移出去。现在，莫斯科方面想确切地知道，如果发生袭击，叶卡捷琳堡可以撑住多久，答案是 3 ~ 5 天。在这样的军事威胁下撤走沙皇一家，乌拉尔的苏维埃认为是极其危险的。同时，在叶卡捷琳堡，想要对沙皇立即执行死刑的人会面了：乌拉尔苏维埃主席团主席别洛博罗多夫、当地契卡负责人尤里约夫和乌拉尔苏维埃执行委员会军事委员戈洛谢金。他们为处决和秘密移送尸体作了最后的准备。射击队也整合完毕，主要为来自奥匈帝国的战俘。每个人都被分配了一个精确的射击目标，并被要求击中心脏以避免过多地流血。整个计划中被视为最后一个人性化的行为是，他们在伊帕特耶夫家执行死刑的前一天，找了一个借口解雇阿列克谢的玩伴、帮厨洛尼加·雷德勒夫。

随后发生的事情已被描述了无数次。1918 年 7 月 17 日凌晨两点，尤里约夫命令医生博特金叫醒房子里的所有居民。以敌人的攻击威胁为由，要求他们从楼上下来。然后他们被带到一个空的地下室里。尼古拉把儿子抱在怀里。亚历山德拉要求坐下，随后两把椅子被拿到他们那里。尤里约夫读了一段简短的文字：尼古拉·亚历山德罗维奇，您在国内外的皇室亲戚都试图解救您，而工人代表苏维埃已经下令，将您们全部枪杀。[1]"什么？怎么杀？"沙皇这样问道，他本能地用一只手护住皇后，用另一只手

---

[1] 正如每句"历史性的话语"一样，这句话也存在多种版本。特别是尤里约夫的回忆被当时主导性的历史学家波克罗夫斯基"刷新"了。根据波克罗夫斯基的说法，尤里约夫应该说出一句阶级斗争性更强的严厉措辞："由于您的欧洲亲戚继续向苏维埃国家发动袭击，乌拉尔执行委员会已决定向您开枪。"

护住皇储。然后，枪开火了。

　　……第二天，在人民委员会会议上，雅科夫·斯维尔德洛夫在特别报告中提到，乌拉尔的苏维埃"因为敌人的进攻以及发现白卫军的阴谋而要承担责任，枪毙前沙皇"。在这个带有宣传性色彩但是实质上真实的信息之后有一种流言："他的家人已经被疏散到一个安全的地方。"

　　……

　　还有一个人直到她生命的终点也不愿意相信沙皇和他的家人已经死亡的消息：沙皇的母亲。与儿子分开后，玛丽亚·费奥多罗芙娜听到了许多谣言，首先是来自皇村，然后是从托博尔斯克，最后是来自叶卡捷琳堡。枪杀事件发生前夕，她还对人们把他的儿子与生病的阿列克谢分开感到愤怒——然而，这早已经是几个月前的事了。1918 年 7 月 17 日，她对叶卡捷琳堡的修女为每位家庭成员带来新鲜的牛奶而感到高兴。直到 7 月 21 日，她才提到"关于我们亲爱的尼基的命运的可怕谣言……但我不敢也不愿意相信！"因为我们今天已经知道，同样住在克里米亚的桑德罗和谢妮娅早已知道了所有的信息。人们可以轻易地猜测到，是他们故意使老太太远离了那些具体的报道。即使她在布尔什维克的报纸上读到了尼古拉日记的节选，她仍然认为，这些文字是人们从她儿子那里偷走的。然后，她期待谣言的真实性，那就是尼古拉被释放并且完好无损地生活在一艘船上。在此期间，她收到了伦敦姐姐的来信，后者在信里震惊地告知她，在当地的俄国教堂里，人们为尼基举行了葬礼。"太可怕了！"沙皇的母亲补充道，"所以他们相信那就是事实。" 10 月 28 日，与宫廷元帅同名的亲戚谢尔盖·多尔戈鲁科夫大公拜访了沙皇寡母，并告知她值得信赖的消息，"我那可怜的亲爱的尼基——永远感谢上帝！——现在安全了"。

实际上，尼古拉已经死了三个半月，同盟国正卑微地乞求停火，第一次世界大战即将结束。战争的废墟之下掩埋了 4 个君主制国家：奥匈帝国、沙皇俄国、奥斯曼帝国和威廉帝国。其中，三位君主被流放，只有沙皇没有在他所参与构建的这场覆灭中幸存下来。

参考文献

Andrei Maylunas und Sergei Mironenko, Eine Liebe für die Ewigkeit. Das letzte Zarenpaar. 2002.

Robert K. Massie, Nikolaus und Alexandra. 1968.

Elisabeth Heresch, Nikolaus II. Leben und Ende des letzten Zaren. 1992.

Stefan Zweig. Marie Antoinette. 2013.

Maurice Palélologue, Am Zarenhof während des Weltkrieges, Tagebücher und Betrachtungen. 1929.

Jurij Buranow und Wladimir Chrustaljow, Die Zarenmörder. Vernichtung einer Dynastie. 1999.

Die letzte Zarin. Ihre Briefe an Nikolaus II. und ihre Tagebücher bis zur Ermordung. 1922.

Fürst Felix Jussupoff, Rasputins Ende. Erinnerungen. 1985.

Edward Radzinskij: Nikolaus II. Der letzte Zar und seine Zeit. 1992.

Catrine Clay, King, Kaiser, Tsar. 2006.

Аврех А. Я, Царизм накануне свержения. 1989 （Avrech, A. Der Zarismus am Vorabend seines Sturzes）.

Баронесса Софья Буксгевден, Баронесса Софья Буксгевден.

Жизнь и трагедия Александры Федоровны, Императрицы России. Воспоминания фрейлины. 2012 （Baronesse S. Buxhoeveden, Leben und Tragödie von Russlands Imperatorin Alexandra Fjodorowna）.

Дневники императрицы Марии Федоровны. 2005（Tagebücher der verwitweten Mutterzarin, Maria Fjodorowna）.

А. Керенский, Трагедия династии Романовых. 2005 （Alexander Kerenskij, Die Tragödie der Dynastie Romanow）.

Соколов Н. Убийство Царской семьи. М.: Советский писатель, 1991 Ermordung der Zarenfamilie （Bericht des Untersuchungsrichters der Regierung Koltschak. N. Sokolow über die Ermordung der Romanows）.

Витте С.Ю. Воспоминания в 3-х томах. 1960 （S. Witte: Erinnerungen in drei Bänden）.

П.А. Столыпин. Нам нужна Великая Россия. 1991 （Reden des Ministerpräsidenten P. Stolypin in der Staatsduma, 1906–1911）.

Тарле Е. Крымская война. 1950 （J. Tarle: Der Krimkrieg, 1950）.

Марк Касвинов. Двадцать три ступени вниз. 1972 （Mark Kaswinow: Dreiundzwanwig Treppen nach unten）.

С. Мельгунов, Судьба Императора Николая II после отречения. 1951 （S. Melgunow: Das Schicksal des Imperators Nikolaj II. nach der Abdankung）.

Феликс Юсупов,. Мемуары в двух книгах 2016.

Ich habe zahlreiche Quellen aus dem Internet verwendet.

译名对照表

Abdurrahman, Emir von Afghanistan	阿卜杜拉赫曼，阿富汗埃米尔
Achmatowa, Anna	安娜·阿赫玛托娃
Adler, Bruno	布鲁诺·阿德勒
Adler, Friedrich	弗里德里希·阿德勒
Alembert, Jean-Baptiste le Rond d'	让·勒朗·达朗贝尔
Alexander Michajlowitsch （Sandro），Großfürst	亚历山大·米哈伊洛维奇大公（桑德罗）
Alexander I., Kaiser von Russland	亚历山大一世，俄国沙皇
Alexander II., Kaiser von Russland	亚历山大二世，俄国沙皇
Alexander III., Kaiser von Russland	亚历山大三世，俄国沙皇
Alexandra Fjodorowna （Alix von Hessen-Darmstadt），Kaiserin von Russland	亚历山德拉·费奥多罗芙娜（黑森-达姆施塔特的阿丽克丝）俄国皇后
Alexandra von Dänemark, Königin von England	丹麦的亚历山德拉，英国王后
Alexej Alexandrowitsch, Großfürst	阿列克谢·亚历山德罗维奇大公
Alexej Nikolajewitsch, Zarewitsch	阿列克谢·尼古拉耶维奇，皇储
Alexejew, Jewgenij	叶夫根尼·阿列克谢耶夫
Alexejew, Michail	米哈伊尔·阿列克谢耶夫
Alfred, Herzog von Sachsen-Coburg und Gotha, Duke of Edinburgh	阿尔弗雷德，萨克森-科堡及哥达公爵，爱丁堡公爵
Al-Zahrāwī	阿里·宰赫拉威
Anastasia （Stana） von Montenegro	黑山的阿纳斯塔西娅（斯塔娜）
Anastasia Nikolajewna, Großfürsten	阿纳斯塔西娅·尼古拉耶芙娜女大公
Andrej Wladimirowitsch, Großfürsten	安德烈·弗拉基米洛维奇，大公
Andropow, Jurij	尤里·安德罗波夫
Arzybaschew, Michail	米哈伊尔·阿齐巴舍夫
Awrech, Aron	阿隆·阿鲁什
Azef, Evno	埃夫诺·阿兹夫

Balfour, Arthur	阿瑟·巴尔弗
Beer, Nikolaj von der	尼古拉·冯·德贝尔
Beloborodow, Alexander	亚历山大·别洛博罗多夫
Benckendorf, Alexander Graf	亚历山大·本肯多夫伯爵
Benkendorff, Pawel von	帕维尔·冯·本肯多夫
Benoit, Alexander	亚历山大·贝诺特
Berchtold, Leopold Graf	利奥波德·贝希特伯爵
Berdjajew, Nikolaj	尼古拉·别尔佳耶夫
Besobrasow, Alexander	亚历山大·别佐布拉佐夫
Bethmann-Hollweg, Theobald von	西奥博尔德·冯·贝特曼－霍尔维特
Biriljow, Alexej	阿列克谢·比利列夫
Bismarck, Otto von	奥托·冯·俾斯麦
Blok, Alexander	亚历山大·勃洛克
Bogrow, Dmitrij	德米特里·博格罗夫
Boisdeffre, Raoul Le Mouton de	拉乌尔·勒·穆东·德·布瓦代弗尔
Booth, John	约翰·布斯
Borissow, Wenjamin	温贾明·鲍里佐夫
Borodin, Alexander	亚历山大·鲍罗丁
Botkin, Jewgeni	杰夫格尼·博特金
Brassowa, Natalja	娜塔莉娅·布拉索娃
Bratianu, Ion I. C.	Ion I.C 布拉蒂纳努（罗马尼亚总理）
Breschnew, Leonid	列昂尼德·勃列日涅夫
Bresci, Gaetano	盖塔诺·布雷西
Buchanan, George	乔治·布坎南
Bülow, Bernhard von	伯恩哈特·冯·比洛
Burzew, Wladimir	弗拉基米尔·伯泽
Buxhoeveden, Sophie von	索菲·冯·布克斯赫夫登
Carol I., König von Rumänien	卡罗尔一世，罗马尼亚国王
Carol II., König von Rumänien	卡罗尔二世，罗马尼亚国王
Chabalow, Sergej	谢尔盖·查巴洛夫
Chotek-Hohenberg, Sophie Gräfin	索菲·科特克－霍亨伯格女伯爵
Chrapowitskij, Alexander	亚历山大·查拉珀夫维斯基

Christian IX., König von Dänemark	克里斯蒂安九世，丹麦国王
Chwostow, Alexej	阿列克谢·赫沃斯托夫
Clay, Catrin	卡特琳·科雷
Coubertin, Pierre de	皮埃尔··德·顾拜旦
Derewenko, Wladimir （Arzt）	弗拉基米尔·杰列文科（医生）
Derewenko, Andrej （Matrose）	安德列·杰列文科 （水手）
Dmitrij Pawlowitsch, Großfürst	德米特里·帕夫洛维奇大公
Dolgorukow, Sergej	谢尔盖·多尔戈鲁科夫
Dolgorukow, Wassilij	瓦里西·多尔戈鲁科夫
Dolgorukowa, Jekaterina	叶卡捷琳娜·多尔戈鲁科娃
Doyle, Arthur Conan	阿瑟·柯南·道尔
Dschunkowskij, Wladimir	弗拉基米尔·德永科夫斯基
Dumas, Alexandre .	亚历山大·杜马斯
Edison, Thomas Alva	托马斯·阿尔瓦·爱迪生
Edward VII., König des Vereinigten Königreichs	爱德华七世，联合王国国王
Elisabeth von Hessen-Darmstadt（Ella）, Großfürstin	黑森－达姆斯塔特的伊丽莎白女大公（艾拉）
Elisabeth, Kaiserin von Österreich und Königin von Ungarn	伊丽莎白，奥地利皇后和匈牙利王后
Engels, Friedrich	弗里德里希·恩格斯
Ernst Ludwig, Großherzog von Hessen-Darmstadt	恩斯特·路德维希，黑森－达姆施塔特大公
Fallières, Armand	阿尔芒·法利埃
Faure, Félix	费利克斯·福尔
Fjodorow, Sergej （Arzt）	谢尔盖·费奥多罗夫 （医生）
Franz Ferdinand von Österreich Este, Erzherzog	弗朗茨·斐迪南大公，奥地利皇储
Franz Joseph I., Kaiser von Österreich und König von Ungarn	弗朗茨·约瑟夫一世，奥地利皇帝和匈牙利国王

Friederichs, Wladimir	弗拉基米尔·弗里德里希斯
Friedrich Wilhelm IV., König von Preußen	弗里德里希·威廉四世，普鲁士国王
Galina, Glafira	格拉菲拉·加利娜
Gapon, Grigorij	格里戈里·盖庞
Gavriil Konstantinowitsch, Kaiserlicher Prinz von Russland	加夫里尔·康斯坦丁诺维奇，俄国王子
Georg de Beauharnais, Herzog von Leuchtenberg	乔治·博哈奈，勒赫滕贝格公爵
Georg I., König von Griechenland	乔治一世，希腊国王
Georg V., König des Vereinigten Königreichs	乔治五世，联合王国国王
Georg, Prinz von Griechenland	乔治，希腊王子
Georgij Alexandrowitsch, Großfürst	格奥尔基·亚历山德罗维奇大公
Gibbs, Charles Sidney	查尔斯·西德尼·吉布斯
Giesl von Gieslingen, Wladimir	弗拉基米尔·吉斯尔·冯·吉斯林根
Giljarowskij, Wladimir	弗拉基米尔·吉亚罗夫斯基
Gilliard, Pierre	皮埃尔·吉利亚尔
Gippius, Sinaida	季娜伊达·吉皮乌斯
Glinka, Michail	米哈伊尔·格林卡
Gogol, Nikolai	尼古拉·果戈理
Golikov, Shenja	申贾·戈利科夫
Goloschokin, Filipp	菲利普·戈洛谢金
Goremykin, Iwan	伊凡·戈尔米金
Gorkij, Maxim	马克西姆·高尔基
Grandidier, Johann Ludwig	约翰·路德维希·格兰迪迪尔
Gussewa, Hionija	希奥尼娅·古塞瓦
Gustav V., König von Schweden	古斯塔夫五世，瑞典国王
Gutschkow, Alexander	亚历山大·古奇科夫
Heinrich von Preußen （1862–1929）	普鲁士的海因里希（1862-1929）
Heinrich von Preußen （1900–1904）	普鲁士的海因里希（1900-1904）
Hermogen （Bischof）	赫尔摩根（主教）

Hindenburg, Paul von	保罗·冯·兴登堡
Hryniewiecki, Ignacy	伊格纳齐·赫雷涅维茨基
Hugo, Victor	维克多·雨果
Iliodor （Sergej Trufanow）	伊利奥多尔（谢尔盖·特鲁法诺）
Ipatjew, Nikolaj	尼古拉·伊帕季耶夫
Irene von Hessen-Darmstadt	黑森－达姆施塔特的艾琳
Iswolskij, Alexander	亚历山大·伊斯沃斯基
Itō Hirobumi 49	伊藤博文
Iwan IV. （Iwan der Schreckliche）, Zar von Russland	伊凡四世（恐怖的伊凡）俄国沙皇
Iwan VI., Kaiser von Russland	伊凡六世，俄国沙皇
Jagow, Gottlieb von	戈特利布·冯·贾高
Jan III. Sobieski, König von Polen	扬·索别斯基三世，波兰国王
Jelzin, Boris	鲍里斯·叶利钦
Johannes von Kronstadt	喀琅施塔得的约翰内斯
Judenitsch, Nikolaj	尼古拉·尤登尼希
Jurowskij, Jakow	雅科夫·尤里约夫
Jussupow, Felix （1856–1928）	费利克斯·尤苏波夫 （1856－1928）
Jussupow, Felix （1887–1967）	费利克斯·尤苏波夫 （1887－1967）
Jussupowa, Irina, Prinzessin von Russland	伊琳娜·尤苏波夫娃，俄国公主
Kaljajew, Iwan	伊凡·卡尔贾耶夫
Karl I., Kaiser von Österreich und König von Ungarn	卡尔一世，奥地利皇帝和匈牙利国王
Katharina II. （Katharina die Große）, Kaiserin von Russland	叶卡捷琳娜二世（叶卡捷琳娜大帝）俄国女皇
Kennedy, John F.	约翰·F·肯尼迪
Kerenskij, Alexander	亚历山大·克伦斯基
Kirill Wladimirowitsch, Großfürst	基里尔·弗拉基米罗维奇大公
Kitchener, Herbert	赫伯特·基钦纳
Kobylinskij, Jewgeni	叶甫盖尼·科比林斯基

Kokowzow, Wladimir	弗拉基米尔·科科夫佐夫
Koltschak, Alexander	亚历山大·高尔察克
Komura Jutarō	小村寿太郎
Konstantin Konstantinowitsch（K. R.），Großfürst	康斯坦丁·康斯坦丁诺维奇大公（K. R）
Kornilow, Lawr	劳尔·科尼洛夫
Kossikowskaja, Alexandra Dina	亚历山德拉·迪娜·科西科夫斯卡娅
Kruger, Paul	保罗·克鲁格
Kuljabko, Nikolaj	尼古拉·库里亚博科
Kultschitskij, Sergej （Ingenieur）	谢尔盖·库尔琴斯基（工程师）
Kurino Sinitiro （japanischer Gesandter）	栗野仙男（日本使臣）
Kuropatkin, Alexej	阿列克谢·库罗帕特金
Lamsdorf, Wladimir	弗拉基米尔·兰姆斯多夫
Lasowert, Stanislaw	斯坦尼斯拉夫·拉佐弗特
Lednew, Ljona	洛尼加·雷德勒夫
Lenin, Wladimir Iljitsch	弗拉基米尔·伊里奇·列宁
Leopold, Duke of Albany	利奥波德，奥尔巴尼公爵
Li Hongzhang	李鸿章
Lincoln, Abraham.	亚伯拉罕·林肯
Linewitsch, Nikolaj	尼古拉·利内维奇
Lloyd George, David	大卫·劳埃德·乔治
Louis Philippe I., König der Franzosen	路易·菲利普一世，法国国王
Lucheni, Luigi	路易吉·卢切尼
Ludendorff, Erich	埃里希·鲁登道夫
Ludwig XVI., König von Frankreich	路易十六世，法国国王
Ludwig, Emil	埃米尔·路德维希
Luther, Martin	马丁·路德
Lwow, Georgij	格奥尔基·利沃夫
Maeterlinck, Maurice	毛利斯·梅特林克
Marat, Jean Paul	让·保尔·马拉

Maria Fjodorowna （Dagmar von Dänemark）, Kaiserin von Russland	玛丽亚·费奥多罗芙娜（丹麦公主达玛尔），俄国皇后
Maria Nikolajewna, Großfürstin	玛丽亚·尼古拉耶芙娜女大公
Maria Pawlowna, Großfürstin	玛丽亚·帕夫洛芙娜
Maria Theresia von Österreich, Erzherzogin	奥地利的玛丽亚·特蕾西亚女大公
Maria von Sachsen-Altenburg, Großfürstin	萨克森－阿尔滕堡的玛丽亚女大公
Marie Antoinette, Königin von Frankreich	玛丽·安托瓦内特，法国王后
Marie-Louise von Österreich, Kaiserin der Franzosen	奥地利的玛丽·路易丝，法国皇后
Marx, Karl	卡尔·马克思
Massie, Robert K.	罗伯特·K·马西
McDonald, Ramsay	拉姆齐·麦克唐纳
Mehmed V., Sultan des Osmanischen Reiches	穆罕默德五世，奥斯曼帝国苏丹王
Meiji （Mutsuhito）, Tennō von Japan	明治（睦仁），日本天皇
Mendel, Gregor	格雷戈·门德尔
Metternich, Klemens Wenzel Lothar von	克莱门斯·文策尔·洛萨·冯·梅特涅
Michail Alexandrowitsch （Mischa）, Großfürst	米哈伊尔·亚历山德罗维奇大公（米沙）
Michail I., Zar von Russland	米哈伊尔一世，俄国沙皇
Milica von Montenegro	黑山的米利卡
Miljukow, Pawel	帕维尔·米留科夫
Mirabeau, Honoré Gabriel Victor de	加布里埃尔·维克多·德·米拉博勋爵
Mjatschin, Konstantin （Wassilij Jakowlew）	康斯坦丁·姆贾钦（瓦西里·雅科夫列夫）
Molière （Jean-Baptiste Poquelin）	莫里哀（让－巴蒂斯特·波克兰）
Montebello, Gustave de	古斯塔夫·德·蒙特贝罗
Mozart, Wolfgang Amadeus	沃尔夫冈·阿玛多伊斯·莫扎特
Mussorgskij, Modest Petrowitsch	莫德斯特·彼得罗维奇·穆索尔斯基
Napoleon I., Kaiser der Franzosen	拿破仑一世，法国皇帝

Napoleon II., Herzog von Reichstadt	拿破仑二世，莱希施塔德大公
Napoleon III., Kaiser der Franzosen	拿破仑三世，法国皇帝
Nikitsch-Boulles von Estenau, Paul	保罗·尼基奇·布尔·冯·埃斯特劳
Nikolaj I., Kaiser von Russland	尼古拉一世，俄国沙皇
Nikolaj II., Kaiser von Russland	尼古拉二世，俄国沙皇
Nikolaj Michajlowitsch, Großfürst	尼古拉·米哈伊洛维奇大公
Nikolaj Nikolajewitsch （Nikolascha）, Großfürst	尼古拉·尼古拉耶维奇大公（尼古拉沙）
Obolenskaja, Wera	维拉·欧博伦斯卡嘉
Olga Alexandrowna, Großfürstin	奥尔加·亚历山德洛芙娜女大公
Olga Nikolajewna, Großfürstin	奥尔加·尼古拉耶芙娜女大公
Orczy, Emma	艾玛·奥希兹
Paar, Eduard Graf von	爱德华·格拉夫·冯·帕尔
Pahlen, Konstantin von der	康斯坦丁·冯·德·帕伦
Palej, Olga （Olga von Pistolkors）	奥尔加·佩莱（比斯托尔克斯的奥尔加）
Paléologue, Maurice Georges	莫里斯·乔治·帕里奥洛格斯
Pankratow, Wassilij （Kommissar）	瓦西里·潘克拉托夫（委员）
Pašić, Nikola	尼古拉·帕希奇
Pasternak, Boris	鲍里斯·帕斯特纳克
Paul I., Kaiser von Russland	保罗一世，俄国沙皇
Pawel Alexandrowitsch, Großfürst	帕维尔·亚历山德罗维奇大公
Peter I. （Peter der Große）, Kaiser von Russland	彼得一世（彼得大帝），俄国沙皇
Peter II., Kaiser von Russland	彼得二世，俄国沙皇
Peter III., Kaiser von Russland	彼得三世，俄国沙皇
Philippe, Nizier Anthelme	尼季耶·安泰尔姆·菲利普
Pitirim, Erzbischof	皮蒂里姆，大主教
Pleske, Eduard	爱德华·普莱斯克
Plewe, Wjatscheslaw （Konstantinowitsch）	维亚切斯拉夫·普列维（康斯坦丁诺维奇）

Pobedonostsew, Konstantin	康斯坦丁·波别多诺斯采夫
Poincaré, Raymond	雷蒙·普恩加莱
Princip, Gavrilo	加夫里洛·普林西普
Protopopow, Alexander	亚历山大·普罗托波波夫
Puccini, Giacomo	贾科莫·普契尼
Pugatschow, Jemeljan	杰梅利扬·普加乔夫
Purischkewitsch, Wladimir	弗拉基米尔·普利希克维奇
Puschkin, Alexander	亚历山大·普希金
Putin, Wladimir	弗拉基米尔·普京
Putjatin, Jewfimi	耶夫费米·普提雅廷
Radek, Karl	卡尔·拉狄克
Rasputin, Grigorij	格里戈里·拉斯普京
Rennenkampff, Paul von	保罗·冯·伦纳坎普夫
Repin, Ilja	伊利亚·列宾
Rimskij-Korsakow, Nikolaj	尼古拉·里姆斯基-科萨科夫
Robespierre, Maximilien de	马克西米利安·德·罗伯斯庇尔
Rodsjanko, Michail	米哈伊尔·罗江科
Roosevelt, Theodore	西奥多·罗斯福
Roschestwenskij, Sinowi	季诺维·罗兹德斯文斯基
Rostand, Edmond	埃德蒙·罗斯丹
Rouvier, Maurice	莫里斯·鲁维埃
Rudnjew, Wsewolod （Kapitän der Warjag）	韦斯沃洛德·鲁德涅夫 （瓦良格号船长）
Rudolph von Österreich-Ungarn, Erzherzog	奥匈帝国的鲁道夫大公
Rukawischnikow, Sergej	谢尔盖·鲁卡维什尼科夫
Rzewuski, Adam	亚当·热乌斯基
Sablin, Nikolaj	尼古拉·萨布林
Safonow, Wassilij	瓦西里·萨诺夫
Samsonow, Alexander	亚历山大·萨姆索诺夫
Sasonow, Sergej	谢尔盖·萨佐诺夫

Sawinkow, Boris	鲍里斯·萨维诺夫
Schaljapin, Fjodor	费奥多尔·沙加平
Scherbatow, Nikolaj	尼古拉·谢尔巴托夫
Schilinski, Jakow	雅科夫·斯林斯基
Schneider, Jekaterina	叶卡捷琳娜·施耐德
Schulgin, Wassilij	瓦西里·舒尔金
Schütz, Friedrich	弗里德里希·舒茨
Serafim von Sarow	塞拉芬·冯·萨罗夫
Sergej Alexandrowitsch, Großfürst	谢尔盖·亚历山德罗维奇大公
Serow, Walentin	瓦伦丁·萨罗
Shakespeare, William	威廉·莎士比亚
Simeon Werchoturskij （Heiliger）	西蒙·韦乔图斯基（圣人）
Sipjagin, Dmitri	德米特里·西皮亚金
Sokolow, Nikolaj	尼古拉·索科洛夫
Stalin, Josef	约瑟夫·斯大林
Stamfordham, Arthur John Baron Königs	阿瑟·约翰·巴伦·科尼希斯·斯坦福德汉姆
Stolypin, Pjotr	彼得·斯托雷平
Stolypina, Natalia	娜塔莉亚·斯托利皮纳
Stürkgh, Karl Graf	卡尔·格拉夫·斯图尔克
Stürmer, Boris	鲍里斯·斯蒂默尔
Suchomlinow, Wladimir	弗拉基米尔·苏莫姆利诺夫
Swerdlow, Jakow	雅科夫·斯维尔德洛夫
Taschitschew, Ilja	伊利亚·塔提谢夫
Tatjana Nikolajewna, Großfürstin	塔季扬娜·尼古拉耶芙娜女大公
Teofan von Poltawa （Archimandrit）	波尔塔瓦的特奥凡（阿尔希门德里特）
Tirpitz, Alfred von	阿尔弗雷德·冯·提尔皮茨
Tjutschewa, Sofia	索菲亚·丘切娃
Tocqueville, Alexis de	阿列克西·德·托克维尔
Tolstoj, Lew	列夫·托尔斯泰
Trepow, Dmitri	德米特里·特列波夫
Trotzkij, Lew	列夫·托洛茨基

Tschaikowski, Pjotr	皮约特·柴可夫斯基
Tschechow, Anton	安东·契科夫
Tschirschky, Heinrich von	海因里希·冯·奇尔施基
Tschitscherin, Georgij	格奥尔基·契切林
Tsuda Sanzō	津田三藏
Umberto I., König von Italien	翁贝托一世，意大利国王
Vetsera, Mary	玛丽·维特拉
Victoria Melita von Sachsen-Coburg und Gotha（Ducky）Großfürstin	萨克森－科堡和哥达的维多利亚·梅丽塔女大公（昵称：小鸭子）
Victoria, Königin des Vereinigten Königreichs	维多利亚，联合王国女王
Victoria, Prinzessin von Battenberg	维多利亚，巴腾堡公主
Voltaire（François-Marie Arouet）	伏尔泰（弗朗索瓦－马利·阿鲁埃）
Vorres, Jan	扬·沃雷斯
Wells, Herbert George	赫伯特·乔治·威尔斯
Wilhelm II., Deutscher Kaiser	威廉二世，德国皇帝
Witte, Sergej	谢尔盖·维特
Wladimir（Metropolit von Kiew）	弗拉基米尔（基辅大主教）
Wladimir Alexandrowitsch, Großfürst	弗拉基米尔·亚历山德罗维奇大公
Wlassowskij, Alexander	亚历山大·弗拉索夫斯基
Wojejkow, Wladimir（Palastkommandant）	弗拉基米尔·沃列科夫（皇宫侍卫长）
Wojkow, Pjotr	皮约特·沃伊科夫
Worontzow-Daschkow, Hilarion	希拉里翁·沃龙佐夫－达施考
Wulfert, Natalja	娜塔莉亚·沃弗特
Wyrubowa, Anna（Anja）	安娜·维鲁波娃（安雅）
Xenia Alexandrowna, Großfürstin von Russland	谢妮娅·亚历山德罗芙娜，俄国女大公

图书在版编目（CIP）数据

末代沙皇：罗曼诺夫王朝的覆灭 ／（匈）道洛什·久尔吉（Dalos Gyorgy）著；何剑译. —长沙：湖南人民出版社，2020.9

ISBN 978-7-5561-2141-0

I. ①末… Ⅱ. ①道… ②何… Ⅲ. ①罗曼诺夫王朝（1613—1917）—史料 Ⅳ. ①K512.306

中国版本图书馆CIP数据核字（2020）第084691号

DER LETZTE ZAR BY György Dalos

©Verlag C.H.Beck Ohg, München 2017

Simplified Chinese edition copyright：2020 Changsha Senxin Culture Dissemination Limited Company

All rights reserved.

MODAI SHAHUANG LUOMANNUOFU WANGCHAO DE FUMIE

末代沙皇——罗曼诺夫王朝的覆灭

著　　者　［匈］道洛什·久尔吉

译　　者　何　剑

出版统筹　张宇霖

监　　制　陈　实

产品经理　田　野

责任编辑　李思远　田　野

责任校对　曾诗玉

装帧设计　刘　哲

出版发行　湖南人民出版社有限责任公司［http://www.hnppp.com］

地　　址　长沙市营盘东路3号，410005，0731-82683313

印　　刷　湖南凌宇纸品有限公司

版　　次　2020年9月第1版

　　　　　2020年9月第1次印刷

开　　本　880 mm × 1240 mm　　1/32

印　　张　8

字　　数　155千字

书　　号　ISBN 978-7-5561-2141-0

定　　价　58.00元

营销电话：0731-82683348　（如发现印装质量问题请与出版社调换）